THE IRSHÁD AL-ARÍB ILÁ MA'RIFAT AL-ADÍB

OR

DICTIONARY OF LEARNED MEN OF YÁQÚT.

EDITED BY

D. S. MARGOLIOUTH, D.Litt.

LAUDIAN PROFESSOR OF ARABIC IN THE UNIVERSITY OF OXFORD.

VOLUME III

CONTAINING PART OF THE LETTER ج.

KITAB BHAVAN

NEW DELHI-110002

First Published in India 1982

Published by

Nusrat Ali Nasri for Kitab Bhavan
1214, Kalan Mahal, Darya Ganj, New Delhi-110002.

Printed in India

at 1711, Lahoti Fine Art Press, Suiwalan, Delhi-110006.

(Translations of the three Inscriptions on the Cover.)

1. Arabic.

"These are our works which prove
what we have done;
Look, therefore, at our works
when we are gone."

2. Turkish.

His genius cast its shadow o'er the world,
And in brief time he much achieved and
wrought:
The Age's Sun was he, and ageing suns
Cast lengthy shadows, though their time be
short."

(*Kemál Páshá-zádé.*)

3. Persian.

*"When we are dead, seek for our
resting-place
Not in the earth, but in the
hearts of men."*

(*Jalálu'd-Dín Rúmí.*)

PREFACE.

WITH the present half-volume the matter contained in MS. Bodl. Or. 753 is concluded. The copy whence it was made must have been illegible in several places, chiefly on fols. 249 and 250. The most considerable of these lacunæ occurs in a letter of Rashīd al-dīn Waṭwāṭ, and it has been possible to supply the missing words from the printed edition of his Epistles. Besides this some leaves must have been wanting in which the commencement of the biography of al-Ḥasan b. Muḥammad al-Muhallabī and perhaps other matter originally stood.

The MS. consists of 259 leaves, 12 × 8 inches, of which those that are full contain thirty-five lines; where there are headings, which are in red, the number is reduced. The only date is that of an owner, Aḥmad b. Muḥammad b. Ṣa'b al-Fakhdhain (?) al-Zubair al-Ḥanbalī, into whose possession the book entered on Rejeb 15, 1224 (August 26, 1809).[1] The colophon consists of pious formulæ only,[2] followed by the

1 ١٢٢٤

في ١٥ رجب * قد دخل الى ملك الفقير الى رحمة ربه الغني احمد
ابن محمد بن صعب الفخدين الزبير الحنبلي غفر الله له ولوالديه
ولجميع المسلمين بفضله ومنه وكرمه آمين (ornament)

2 تم الجزء الاول من ادب المعجم (sic) بحمد الله وعونه
وحسن توفيقه والحمد لله رب العالمين والصلاة والسلام على سيدنا
محمد وآله وصحبه اجمعين آمين آمين آمن

statement, 'There will follow Abu'l-Ḥasan b. Muḥammad b. Muhammad al-Khāwaranī'[1] (of whom there is a biography in the *Geographical Dictionary*, ii, 395). In this colophon the words 'There will follow' have been erased, as also the words 'here ends the first part' from the beginning; as also on the fly-leaf at the commencement the words 'First part'.[2] The purpose of these clumsy erasures was doubtless to deceive intending purchasers into thinking the work complete, and not one of a series of volumes. Some dealer is probably responsible for them.

It seems clear now that the copy whence Bodl. Or. 753 was derived was in *four* volumes. Of these the *third*, containing from 'Ubaid-allah b. Muḥammad b. Jarw al-Asadī to Muḥammad b. al-Ḥasan al-Burjī, has recently been placed at the Editor's disposal with great generosity and public spirit by Professor MUHAMMAD ABBAS, of St. Xavier's College, Bombay. Of this MS., which appears to have been once in the Muti Mahall Library (where an abstract of it, now in the Royal Library, Berlin, was made by Sprenger's order), more will be said in the Preface to Vol. V.[3] Rather more than the first third of its contents exists also in a MS. of the Keuprülü-Zādeh Muḥammad Pasha Library, Constantinople (No. 1103), where it was photographed by the Editor in 1901 and 1908. This MS. is numbered 'volume v', and so belonged to a copy divided into *eight* volumes instead of *four*. The matter contained in the Bombay volume is sufficient to fill some two of the size of I and II of the present edition. And the greater antiquity of the MS. (dated 679 A.H.), together with the help derived from the Constantinople MS., which is little later, will render the

[1] يتلوه ابو الحسن بن محمد بن محمد الخاوراني

[2] الاول من معجم الادباء لياقوت

[3] It is proposed to leave the numbers III, ii, and IV for the matter between al-Ḥasan and 'Ubaid-allah, on the chance of its being recovered.

text of the forthcoming volumes far more certain than that of those already published.

With regard to the remainder of the work, the Editor has hopes that the example of self-sacrificing co-operation set by Professor MUHAMMAD ABBAS will encourage other scholars resident in Eastern countries to aid in the search for it. Vol. IV of the Bombay copy seems to have been in existence when Sprenger's abstract was made, whence it is probably in private hands in India; of Vol. II of the same copy the Editor has as yet found no trace. The recovery of so much makes him naturally most anxious to find more, and offer the public a complete work.

كتاب

إرشاد الأريب إلى معرفة الأديب

المعروف

بمعجم الادباء او طبقات الادباء

لياقوت الرومي

وقد اعتنى بنسخه وتصحيحه

د. س. مرجليوث

الجزء الثالث

كتاب بھون۔ کلاں محل۔ نئی دلی ۲

بسم الله الرحمن الرحيم

باب الحاء

الحارث بن ابي العلاء عمار بن العريان ابو سفيان

(سقطت الترجمة)

حبشي بن محمد بن شعيب الشيباني

ابو الغنائم النحوي الضرير من اهل واسط من ناحية تعرف بالافشولية مات في ذي القعدة سنة ٥٦٥ وكان قد ورد واسط وقرأ بها القرآن وشيئاً من النحو ثم قدم بغداد واقام بها وقرأ [١] على ابن الشجري العلوي واللغة على الشيخ ابي منصور الجواليقي وسمع منهما ومن قاضي المارستان وكان عارفاً بالنحو واللغة والعربية تخرج به جماعة من اهل الأدب كمصدق بن شبيب وكان يحسن الثناء عليه ويقول به تخرجت لان الشيخ ابن الخشاب كان مشغولاً عنا ويضنّ [٢] علينا بعلمه فكان انعكافنا على حبشي وكان مع هذا العلم اذا خرج الى [٣] الطريق بغير قائد لايهتدي كما يهتدي العميان حتى سوق الكتب الذي كان يأتيه في كل ليلة عشرين سنة ولم يكن بعيداً عن منزله

---

(١) لعله سقط « النحو » (٢) ق ويصمن (٣) ق ـ

﴿ حبيش بن عبد الرحمن ابو قلابة ﴾

وقيل حبيش بن منقذ كان احد الرواة الفهمة وكان بينه وبين الاصمعي مماظة لاجل المذهب لان الاصمعي رحمه الله كان سنيّاً حسن الاعتقاد وكان ابو قلابة شيعياً رافضياً ولما بلغه وفاة الاصمعي شمت به وقال

اقول لما جاءني نعيه ... بعدا وسحقا لك من هالك
يا شرّ ميت خرجت نفسه ... وشرّ مدفوع الى مالك

وله ايضاً فيه

لعن الله اعظماً حملوها ... نحو دار البلى على خشبات
اعظماً تبغض النبي واهل الـ ... ـبيت والطيّبين والطيّبات

وكان ابو قلابة صديقاً لعبد الصمد بن المعذّل و بينهما مجالسة وممازحة وله معه اخبار . حدث المرزباني قال قال [1] انشدت ابا قلابة قولي فيه

يا رب ان كان ابو قلابه ... يشتم في خلوته الصحابه
فابعث عليه عقرباً دبابه ... تلسعه في طرف السبابه
واقرن اليه حيّة منسابه ... وابعث على جوخانه سنجابه

قال وابو قلابة ساكت فلما قلت « وابعث على جوخانه سنجابه » قال الله الله ليس مع ذهاب الخير عمل . حدث المبرد في الروضة حدثني عبد الصمد ابن المعذل قال جئت ابا قلابة الجرمي وهو احد الرواة الفهمة ومعه الارجوزة التي تنسب الى الاصمعي وهي

---

(١) يعني عبد الصمد

تهزئ مني اخت آل طيسله قالت اراه ملق[١] لاشي له

قال فسألته ان يدفعها اليّ فابى فعملت ارجوزتي التي اولها

تهزئ مني وهي زود طلّه ان رأت الاحناء مقفعلّه

قالت ارى شيب العذال[٢] احتله والورد من ماء اليرنّا حلّه

قال ودفعتها اليه على انها لبعض الاعراب واخذت منه تلك ثم مضى ابو قلابة الى الاصمعي يسأله عن غريبها فقال له لمن هذه قال لبعض الاعراب فقال له ويحك هذه لبعض الدجالين دلسها عليك اما ترى فيها كيت وكيت وكيت قال فخزي ابو قلابة واستحيي

﴿ حبيش بن موسى الضبّي ﴾

صاحب كتاب الاغاني الّفه للمتوكل وذكر في هذا الكتاب اشياء لم يذكرها اسحاق ولا عمرو بن بانة وذكر من اسماء المغنّين والمغنّيات في الجاهلية والاسلام كل ظريف غريب وله كتاب الاغاني على حروف المعجم . كتاب مجردات[٣] المغنيات

﴿ حسان بن مالك بن ابي عبدة اللغوي الاندلسي ﴾

كنيته ابو عبدة الوزير من أئمّة اللغة والادب واهل بيت جلالة ووزارة مات عن سن عالية قبل ٣٢٠ له كتاب على مثال كتاب ابي السري سهل بن ابي غالب الذي الفه في ايام الرشيد وسماه كتاب ربيعة وعقيل وهو من احسن ما أُلّف في هذا المعنى وفيه من اشعاره ثلاثمائة

---

(١) لعله ملقا : وفي تاج العروس (٧:٤١٦) « مبلطا » والبيت منسوب لصخر

(٢) لعله العذار (٣) لعله مجيدات

بيت وذاك انه دخل على المنصور بن ابي عامر وبين يديه كتاب السري وهو معجب به فخرج من عنده وعمل هذا الكتاب وفرغ [١] منه تأليفاً ونسخاً وجاء به في مثل ذلك اليوم من الجمعة الاخرى واراه اياه فسر [٢] به ووصله عليه. وكتب ابو عبدة الى المستظهر عبد الرحمن بن هشام بن عبد الجبار ابن عبد الرحمن الناجر المسمى بالخلافة ايام الفتنة وكان استوزره

اذا غبت لم احضر وان جئت لم اسل فسيان مني مشهد ومغيبُ
فاصبحت تيمياً وما كنت قبلها لتيم ولكن الشبيه نسيبُ

اشار في هذا البيت الى قول الشاعر

ويقضي الامر حين تغيب تيم ولا يستأذنون وهم شهودُ

قال ابن خاقان وكانت لابي عبدة ايام الفتنة حين ادجت الفتنة ليلها وازجت ابلها [٣] وخيلها . اغتراب كاغتراب الحارث بن مضاض [٤] . واضطراب بين العوالي والمواضي كالحية النضناض . ثم اشتهر بعد . وافترّ له السعد . وفي تلك المدة يقول يتشوق الى اهله

سقى بلداً اهلي به واقاربي غوادٍ باثقال الحيا وروائحُ
وهبت عليهم بالعشي وبالضحى نواسم من برد الظلال فوائح [٥]
تذكرتهم والنأي قد حال دونهم ولم انس لكن اوقد القلب لافح
ومما شجاني هاتف فوق ايكة ينوح ولم يعلم بما هو نائح

---

(١) عند الضبي (٦٦٢) برع (٢) ق وفسره : والصواب في كتب مطمح الانفس للفتح بن خاقان (طبع مصر ١٣٢٥ ص ٣٠) (٣) مطمح الانفس : ق ـ (٤) هو ملك جرهم (٥) في مطمح الانفس نوائح : ق من برد والظلال : والصواب عند الحميدي

فقلت اتئد يكفيك اني نازح وان الذي اهواه عنّي نازح
ولي صبية مثل الفراخ بقفرة مضى حاضناها فاطّحتها[1] الطوائح
اذا عصفت ريح اقامت رؤوسها فلم تلقها الا طيور بوارح

﴿ الحسن بن ابراهيم بن زولاق ﴾

أبو محمد هو الحسن بن ابراهيم بن الحسين بن الحسن بن على بن خلف بن راشد بن عبد الله بن سليمان بن زولاق المصري الليثي من أعيان علماء أهل مصر ووجوه أهل العلم فيهم وله عدة تصانيف في تواريخ المصرية[2] مات يوم الاربعاء لخمس بقين من ذي القعدة سنة ٣٨٦ في أيام المتلقب بالعزيز بالله وقيل انه مات في ذي القعدة سنة ٣٨٧ في أيام الحاكم والاول أظهر وكان لمحبته للتواريخ والحرص على جمعها وكتبها كثيرا ماينشد

مازلت تكتب في التاريخ مجتهدا حتى رأيتك في التاريخ مكتوبا

وله من الكتب كتاب سيرة محمد بن طغج الاخشيد. كتاب سيرة جوهر. كتاب سيرة الماذرائيين. كتاب التاريخ الكبير على السنين. كتاب فضائل مصر . كتاب سيرة كافور . كتاب سيرة المعز . كتاب سيرة العزيز وغير ذلك وكان قد سمع الحديث ورواه فسمع منه عبد الله بن وهبان بن أيوب بن صدقة وغيره وحدث ابن زولاق في كتاب سيرة العزيز. المتغلب على مصر المنتسب الى العلويين من تصنيفه حاكيا عن نفسه قال

---

(١) الحميدي : ق فاتمحتها : في مطمح الانفس حتى حضناها طوحتها الطوائح

(٢) لعله الدولة المصرية

لما خلع على الوزير يعقوب بن كلس وكان يهودياً فأسلم وكان مكيناً من العزيز فلما أسلم قلده وزارته وخلع عليه قال ابن زولاق وكنت حاضراً مجلسه فقلت أيها الوزير روى الاعمش عن زيد بن وهب عن عبد الله ابن مسعود انه قال حدثني الصادق رسول الله صلى الله عليه وسلم ان الشقي من شقي في بطن أمه والسعيد من سعد في بطن أمه وهذا علوّ سماوي فقال الوزير ليس الامر[١] كذلك وانما أفعالي وتوفيراتي وكفايتي ونيابتي ونيّتي وحرصي الذي كان يهجر[٢] ويعاب وقد مات قوم ممن كان وبقي قوم وكان هذا القول بحضرة القوم الذين حضروا قراءة السجل الذي خرج من العزيز في ذكر تشريفه. قال ابن زولاق فأمسكت وقلت وفق الله الوزير انما رويت عن رسول الله صلى الله عليه وسلم حديثاً صحيحاً وقمت وخرجت وهو ينظر اليّ وانصرف الوزير الى داره بما حباه العزيز به قال فحدثني ابو عبد الله الحسين بن ابراهيم الحسيني الزينبي: عاتبت الوزير على ما تكلم به وقلت انما روى حديثاً صحيحاً بجميع طرقه وما أراد الا الخير فقال لي وحقي عنك[٣] انما هذا مثل قول المتنبئ

ولله سر في علاك وانما كلام العدى ضرب من الهذيان

وأجمع الناس على ان ذلك هجو في كافور لانه أعلمه انه تقدم بغير سبب وابن زولاق هجاني على لسان صاحب الشريعة صلى الله عليه وسلم فما امكنني السكوت وكان في نفسي شيء فجعلت كلامه سبباً. قال أبو عبد الله الزينبي فاشهد ان الوزير لم ينقضِ يومه حتى تكلم بمثل كلامي الذي

---

(١) ق العر (٢) لعله يهجي (٣) لعله عليك

أوردته عن النبي صلى الله عليه وسلم وذلك ان رجلاً عرض عليه رقعة فقال كم رقاع كم حرص هوذا الرجل يطوف البلدان ويتقلب في الدول ويسافر فلا ينجح وآخر يأتيه أمله عفواً قد فرغ الله من الارزاق والاجلال[١] والمراتب ومن الشقاوة والسعادة ثم التفت اليّ وضحك وقطع كلامه . قال ابن زولاق وكنت هنأت ابن رشيق بهذه التهنئة في مجلس عظيم حفل حين جاءته الخلع من بغداد والتقليد والبسوه ورويت[٢] له هذا الخبر فبكا وشكر وحسدني على ذلك أكثر الحاضرين وكافأني عليه أحسن مكافأة

﴿ الحسن بن أحمد بن يعقوب يعرف بابن الحائك الهمداني ﴾

ومن مفاخرها له كتاب الاكليل في مفاخر قحطان وذكر اليمن وله قصيدة سماها الدامغة في فضل قحطان أولها

الا يادار لولا تنطقينا   فانّا سائلوك تخبرينا

وله كتاب جزيرة العرب وأسماء بلادها وأوديتها ومن يسكنها . وقرأت بخط الامير عبد الكريم بن علي البيساني أخي الفاضل[٣] عبد الرحيم في فهرست كتبه وذكر خبراً من كتاب الاكليل في انساب حمير واخبارها تصنيف الحسن بن احمد بن يعقوب الهمداني وكان في سنة ٣٣١

﴿ الحسن بن احمد بن عبد الغفار بن سليمان الفارسي ﴾

ابو علي الفارسي المشهور في[٤] العالم اسمه المعروف تصنيفه ورسمه أوحد زمانه في علم العربية كان كثير من تلامذته يقول هوفوق المبرد .

(١) لعله الآجال (٢) ق وريت (٣) يعني القاضي الفاضل (٤) ق ـ

قال ابو الحسن علي بن عيسى الربعي هو ابو علي الحسن بن احمد بن عبد الغفار بن محمد بن سليمان بن أبان الفارسي وامه سدوسية من سدوس شيبان من ربيعة الفرس مات ببغداد سنة ٣٧٧ في أيام الطائع لله عن نيف وتسعين سنة أخذ النحو عن جماعة من أعيان أهل هذا الشأن كأبي اسحق الزجاج وابي بكر بن السراج وابي بكر مبرمان وابي بكر الخياط وطوّف كثيراً من بلاد الشأم ومضى الى طرابلس فأقام بحلب مدة وخدم سيف الدولة بن حمدان ثم رجع الى بغداد فأقام بها الى ان مات . حدث الخطيب قال قال التنوخي ولد ابو علي الفارسي بفسا وقدم بغداد واستوطنها وعلت منزلته في النحو حتى قال قوم من تلامذته هو فوق المبرد واعلم منه وصنف كتباً عجيبة حسنة لم يسبق الى مثلها واشتهر ذكره فى الآفاق وبرع له غلمان حذاق مثل عثمان بن جني وعلي بن عيسى الربعي وخدم الملوك ونفق عليهم وتقدم عند عضد الدولة فكان عضد الدولة يقول انا غلام ابي علي النحوي في النحو وغلام أبي الحسين الرازي الصوفي في النجوم وكان متهماً بالاعتزال . وذكر ابو الحسن طاهر بن احمد بن بابشاذ (١) النحوي في كتاب شرح الجمل للزجاجي في باب التصريف منه يحكي عن أبي علي الفارسي انه حضر يوماً مجلس ابي بكر الخياط فاقبل أصحابه على ابي بكر يكثرون عليه المسائل وهو يجيبهم ويقيم عليها الدلائل فلما انفدوا اقبل على اكبرهم سناً واكبرهم عقلاً واوسعهم علماً عند نفسه فقال له كيف تبني من سفرجل مثل عنكبوت فأجابه مسرعاً سفرروت فحين

---

(١) عند السيوطي اسمه باب بن شاذ

سمعها قام من مجلسه وصفق بيديه وخرج وهو يقول سفرروت فأقبل ابو بكر على اصحابه وقال لابارك الله فيكم ولا أحسن جزاءكم خجلاً مما جرى واستحياءً من ابي علي . ومما يشهد بصفاء ذهنه وخلوص فهمه انه سئل قبل ان ينظر في العروض عن خرم متفاعلن فتفكر وانتزع الجواب فيه من النحو فقال لا يجوز لان متفاعلن ينقل الى مستفعلن اذا خبن فلو خرم لتعرض للابتداء بالساكن لايجوزله (الخرم [1] حذف الحرف الاول من البيت والخبن تسكين ثانيه) . ولما خرج عضد الدولة لقتال ابن عمه عز الدولة بختيار بن معز الدولة دخل عليه ابو علي الفارسي فقال له مارأيك في صحبتنا فقال له انا من رجال الدعاء لامن رجال اللقاء نخار الله للملك في عزيمته وانجح قصده في نهضته وجعل العافية زاده والظفر تجاهه والملائكة أنصاره ثم أنشده

ودعته حيث لا تودعه نفسي ولكنها تسير معه
ثم تولى وفي الفؤاد له ضيق محلٍّ وفي الدموع سعه

فقال له عضد الدولة بارك الله فيك فاني واثق بطاعتك واتيقن صفاء طويتك وقد انشدنا بعض أشياخنا بفارس

قالوا له اذ سار أحبابه فبدّلوه البعد بالقرب
والله ما شطت نوى ظاعن سار من العين الى القلب

فدعا له ابو علي وقال أياذن مولانا في نقل هذين البيتين فأذن فاستملاهما منه . وكان مع عضد الدولة يوماً في الميدان فسأله بماذا ينتصب الاسم

---

(١) ق ـ

المستثنى في نحو قام القوم الا زيداً فقال ابو علي ينتصب بتقدير استثني زيداً فقال له عضد الدولة لِمَ قدّرت « استثني زيداً » فنصبت هلا قدرت « امتنع زيد » فرفعت فقال ابو علي هذا الذي ذكرته جواب ميداني فاذا رجعت قلت لك الجواب الصحيح . وقد ذكر ابو علي في كتاب الايضاح انه انتصب بالفعل المتقدم بتقوية الا. [١] قالوا ولما صنف ابو علي كتاب الايضاح وحمله الى عضد الدولة استقصره عضد الدولة وقال له ما زدت على ما أعرف شيئاً وانما يصلح هذا للصبيان فمضى ابو علي وصنف التكملة وحملها اليه فلما وقف عليها عضد الدولة قال غضب الشيخ وجاء بما لا نفهمه نحن ولا هو . وحكي ابن جني عن ابي علي الفارسي قرأ عليّ علي بن عيسى الرماني كتاب الجمل وكتاب الموجز لابن السراج في حياة ابن السراج وكان ابو طالب العبدي يقول لم يكن بين ابي علي وبين سيبويه أحد ابصر بالنحو من ابي علي. قرأت بخط سلامة بن عياض النحوي ما صورته: وقفت على نسخة من كتاب الحجة لابي علي الفارسي في صفر سنة ٥٢٢ بالري في دار كتبها التي وقفها الصاحب ابن عباد رحمه الله وعلى ظهرها بخط ابي علي ما حكايته هذه: اطال الله بقاء سيدنا الصاحب الجليل ادام الله عزه ونصره وتأييده وتمكينه كتابي في قراء [٢] الامصار الذين بينت قراءتهم في كتاب ابي بكر احمد بن موسى المعروف بكتاب السبعة فما تضمن من أثر وقراءة ولغة فهو عن المشايخ الذين اخذت ذلك عنهم

---

(١) يعني لما دخلت عليه الا قوته وذلك انها احدثت فيه معنى الاستثناء قاله ابن يعيش (ص ٢٥٩) (٢) ق لقراءة

واسندته اليهم فمتى أثر سيدنا الصاحب الجليل ادام الله عزه ونصره وتأييده وتمكينه حكاية شيء منه عنهم او عني لهذه المكاتبة فعل وكتب الحسن بن احمد الفارسي بخطه. ولابي علي من التصانيف: كتاب الحجة. كتاب التذكرة قد ذكرت حاله في ترجمة محمد بن طوس القصري. كتاب ابيات الاعراب. كتاب الايضاح الشعري [١]. كتاب الايضاح النحوي. كتاب مختصر عوامل الاعراب [٢]. كتاب المسائل الحلبية [٣]. كتاب المسائل البغدادية. كتاب المسائل الشيرازية. كتاب المسائل القصرية. كتاب الاغفال وهو مسائل اصلحها على الزجاج. كتاب المقصور والممدود. كتاب نقض الهاذور [٤]. كتاب الترجمة. كتاب المسائل المنثورة. كتاب المسائل الدمشقية. كتاب ابيات المعاني. كتاب التتبع لكلام ابي علي الجبائي في التفسير نحو مائة ورقة. كتاب تفسير قوله تعالى يَا أَيُّهَا ٱلَّذِينَ آمَنُوا إِذَا قُمْتُمْ إِلَى ٱلصَّلَاةِ. كتاب المسائل البصرية. كتاب المسائل العسكرية. كتاب المسائل المصلحة من كتاب ابن السراج. كتاب المسائل المشكلة. كتاب المسائل الكرمانية. ذكر المعرّي في رسالة الغفران ان ابا علي الفارسي كان يذكر [٥] ان ابا بكر ابن السراج عمل من الموجز النصف الاول لرجل بزّاز ثم تقدم الى ابي

---

(١) اسمه في الفهرست شرح ابيات الايضاح (٢) انتهى ما اورده صاحب الفهرست من كتب ابي علي ولم يذكر مما ياتي الا كتاب المسائل المصلحة (٣) ق الجلية: في وفيات الاعيان الحلبيات (٤) هذا الكتاب ذكره ابو بكر بن خير في فهرسته (ص ٣١٠) (٥) رسالة الغفران (طبع مصر ١٣٢١) ص ١٣٧

علي الفارسي بتمامه قال وهذا لا يقال انه من انشاء ابي علي لان الموضوع في [1] الموجز هو منقول من كلام ابن السراج في الاصول وفي الجمل فكأنَّ اباعلي جاء به على سبيل النسخ لا انه ابتدع شيئاً من عنده. نقلت من خط الشيخ ابي سعيد معن بن [2] خلف البستي مستوفي بيتي الزرد والفرس الملكشاهي بتولية نظام الملك من كتاب الفه بخطه وكان عالماً فاضلاً حاسباً: قال الاستاذ ابو العلاء الحسين بن محمد بن مهرويه في كتابه الذي سماه اجناس الجواهر كنت بمدينة السلام اختلف الى ابي علي الفارسي النحوي رحمه الله وكان السلطان رسم له ان ينتصب لي كل اسبوع يومين لتصحيح كتاب التذكرة لخزانة كافي الكفاية [3] فكنا اذا قرأنا اوراقاً منه تجارينا في فنون الآداب. واجتنينا من فوائد ثمار الالباب. ورتعنا في رياض الفاظه ومعانيه. والتقطنا الدر المنثور من سقاط فيه. فاجرى يوماً بعض الحاضرين ذكر الاصمعي واسرف في الثناء عليه وفضّله على اعيان العلماء في ايامه فرأيته رحمه الله كالمنكر لما كان يورده وكان فيما ذكر من محاسنه ونشر من فضائله ان قال من ذا الذي يجسر ان يخطّئ الفحول من الشعراء غيره. فقال ابو علي: وما الذي رد عليهم فقال الرجل: انكر على ذي الرمة مع احاطته بلغة العرب ومعانيها. وفضل معرفته باغراضها ومراميها. وانه سلك نهج الاوائل في وصف المفاوز اذا لعب السراب فيها. و رقص الآل في نواحيها. ونعت الحرباء وقد سبح على جدله. والظليم وكيف ينفر من

(١) الرسالة «من» (٢) ق ـ (٣) لعله الكفاة فيها

ظلّه. وذكر الركب وقد مالت طلاهم من غلبة المنام. حتى كأنّهم صرعتهم كؤس المدام. فطبق مفصل الاصابة في كل باب وساوى الصدر الاول من ارباب الفصاحة وجارى القروم البزل من اصحاب البلاغة. فقال له الشيخ ابو علي وما الذي انكر على ذي الرمة فقال قوله

وقفنا فقلنا إِيهِ عن ام سالم

لانه كان يجب ان ينوّنه [١] فقال اما هذا فالاصمعي مخطئ فيه وذو الرمة مصيب والعجب ان يعقوب ابن السكيت قد وقع عليه هذا السهو في بعض ما انشده. فقلت ان رأى الشيخ ان يصدع لنا بجليّه هذا الخطأ تفضل به. فاملى علينا انشد ابن السكيت لاعرابي من بني اسد

انني من ذاك انّه   وقائلة اسيت فقلت جيرِ   اسيّ [٢]
وكنّ عليهم نحسا لُعَنَّه [٣]   اصابهم الحمى وهمُ عواف
فناديت القبور فلم يجبنه   فجئت قبورهم بدءً ولما
وابدانٌ بدرن وما نخرنه   وكيف يجيب اصداء وهام

قال يعقوب قوله جير [٤] اي حقاً وهي مخفوضة غير منوّنة فاحتاج الى التنوين. قال ابو علي هذا سهو منه لان هذا يجري [٥] مجرى الاصوات وباب الاصوات كلها والمبنيات باسرها الا ما خصّ منها لعلةٍ الفرقانُ فيها بين نكرتها ومعرفتها بالتنوين فما [٦] كان منها معرفة جاء بغير تنوين فاذا

---

(١) يعني ايه: وليراجع كتاب ابن يعيش ص ٥٣١ (٢) ليراجع حاشية الدسوقي على المغني (١:١٧٧) (٣) كذا ضبطه شارح شواهد السيوطي (٤) ق ـ (٥) ق يجري منه (٦) ق التنوين فلما

نكرته نوّنته من ذلك انك تقول في الامر صهْ ومهْ تريد السكوت يافتى فاذا نكرت قلت صهٍ ومهٍ تريد سكوتاً وكذلك قول الغراب غاقٍ اي صوتاً وكذلك إيهِ يارجل تريد الحديث وايهٍ تريد حديثاً وزعم الاصمعي ان ذا الرمة اخطأ في قوله « وقفنا فقلنا ايهِ عن امسالم » وكان يجب ان ينوّنه ويقول ايهٍ وهذا من اوابد [1] الاصمعي التي تقدم عليها من غير علم فقوله جيرِ بغير تنوين في موضع قوله الحق وتجعله نكرة في موضع آخر فتنونه فيكون معناه قلت حقاً ولا مدخل للضرورة في ذلك انما التنوين للمعنى المذكور وبالله التوفيق وتنوين هذا الشاعر على هذا التقدير .(قال يعقوب قوله اصابهم الحمى يريد الحمام وقوله بدرن اي طُعِن في بوادرهم بالموت والبادرة النحر وقوله فجئت قبورهم بدءً اي سيداً وبدء القوم سيدهم وبدء الجزور خير انصبائها وقوله ولما أي [2] ولم اكن سيدا الا حين ماتوا فاني سدت بعدهم) .قرأت في معجم الشعراء للسلفي : انشدني ابو جعفر احمد بن محمد بن كوثر المحاربي الغرناطي بديار مصر قال انشدنا ابو الحسن علي احمد بن خلف النحوي لنفسه بالاندلس في كتابِ الايضاح لابي علي الفارسي النحوي

اِضعِ الكرى لتحفّظ الايضاح وصل الغدوّ لفهمه برواح
هو بغية المتعلمين ومن بغى حمل الكتاب يلجه بالمفتاح
لابي علي في الكتاب امامة شهد الرواة لها بفوز قداح
يفضي الى اسراره بنوافذ من علمه بهرت قوى الامداح

(١) ق اوائد (٢) ق راي

فيخاطب المتعلمين بلفظه ... ويحلّ مشكله بومضة واحى
مضت العصور[1] فكل نحو ظلمة ... واتى فكان النحو ضوء صباح
اوصى ذوي الاعراب ان يتذاكروا ... بحروفه في الصحف والالواح
فاذا هم سمعوا النصيحة انجحوا ... ان النصيحة غبها لنجاح

وكتب الصاحب الى ابي علي في الحال المقدم ذكرها : كتابي اطال الله بقاء الشيخ وادام جمال العلم والادب بحراسة مهجته وتنفيس مهلته وانا سالم ولله حامد واليه في الصلاة على النبي وآله[2] راغب ولبرّ الشيخ ايده الله بكتابه الوارد شاكر . واما اخونا ابو الحسين قريبه اعزه الله فقد الزمني باخراجه اليّ اعظم منة واتحفني من قربه بعلق مضنة لولا انه قلل المقام واختصر الايام ومن هذا الذي لايشتاق ذلك المجلس وانا احوج من كل حاضريه اليه واحق منهم بالمثابرة عليه ولكن الامور مقدرة وبحسب المصالح ميسرة غير انا ننتسب اليه على البعد ونقتبس فوائده عن قرب وسيشرح هذا الاخ هذه الجملة حق الشرح باذن الله والشيخ ادام الله عزه يبرد غليل شوقي الى مشاهدته بعمارة ما افتتح من البر بمكاتبته ويقتصر على الخطاب الوسط دون الخروج في اعطاء الرتب الى الشطط كما يخاطب الشيخ المستفاد منه التلميذ الآخذ عنه ويبسط في حاجاته فانّي اظنني اجدر اخوانه بقضاء مهماته ان شاء الله تعالى قد اعتمدت على صاحبي ابي العلاء ايده الله لاستنساخ التذكرة وللشيخ ادام الله عزه رأيه الموفق في التمكين من الاصل والاذن بعد النسخ في العرض باذن

(١) ق القصور (٢) ق واليه

الله تعالى . قال حدثني علم الدين ابو محمد القاسم بن احمد الاندلسي ايده الله تعالى قال : وجدت في مسائل نحوية تنسب الى ابن جني قال لم اسمع لابي علي شعراً قط الى ان دخل اليه في بعض الايام رجل من الشعراء فجرى ذكر الشعر فقال ابو علي اني لاغبطكم على قول هذا الشعر فان خاطري لا يواتيني على قوله مع تحققي للعلوم التي هي من موارده فقال له ذلك الرجل فما قلت قط شيئاً منه البتة فقال ما اعهد لي شعراً الا ثلاثة ابيات قلتها في الشيب وهي قولي

خضبت الشيب لما كان عيباً ... وخضب الشيب اولى ان يعابا
ولم اخضب مخافة هجر خلّ ... ولا غيباً خشيت ولا عتابا
ولكن المشيب بدا ذميما ... فصيرت الخضاب له عقابا

فاستحسنّاها وكتبناها عنه اوكما قال لاني كتبتها في المفاوضة (١) ولم انقل الفاظها . اخبرهم ابو الحسن علي بن عمر الفرّاء عن ابي الحسين نصر بن احمد بن نوح المقرئ قال انبأنا ابو الحسن علي بن عبيد الله السمسمي اللغوي ببغداد انبأنا ابو علي الحسن بن احمد بن (٢) عبد الغفار الفارسي النحوي قال جئت الى ابي بكر السراج لاسمع منه الكتاب وحملت اليه ما حملت فلما انتصف الكتاب عسر عليه في تمامه فقطعت (٣) عنه لتمكني من الكتاب فقلت لنفسي بعد مدة ان سرت الى فارس وسئلت عن تمامه فان قلت نعم كذبت وان قلت لاسقطب الرواية والرحلة ودعتني الضرورة فحملت اليه رزمة فلما ابصرني من بعيد انشد

---

(١) ق المفاضة (٢) ق ــ (٣) لعله فانقطعت

وكم تجرعت من غيظ ومن حزن   اذا تجدّد حزن هوّن الماضي
وكم غضبت فما باليتُ غضبي   حتى رجعت بقلب ساخط راضي

قرأت بخط الشيخ ابي محمد الخشاب كان شيخنا يعني ابا منصور موهوب ابن الخضر الجواليقي قل ما ينبل عنده ممارس للصناعة النحوية ولو طال فيها باعه ما لم يتمكن من علم الرواية وما تشتمل عليه من ضروبها [1] ولا سيما رواية الاشعار العربية وما يتعلق بمعرفتها من لغة وقصة ولهذا كان مقدماً لابي سعيد السيرافي على ابي علي الفارسي رحمهما الله وابو علي ابو علي في نحوه وطريقة ابي سعيد في النحو معلومة ويقول ابو سعيد اروى من ابي علي واكثر تحققاً بالرواية واثرى منه فيها وقد قال لي غير مرة لعل ابا علي لم يكن يرى ما يراه ابو سعيد من معرفة هذه الاخباريّات والانساب وما جرى في هذا الاسلوب كبير امرٍ . قال الشيخ ابو محمد ولعمري انه قد حكي عنه اعني ابا علي انه كان يقول لأني اخطئ في خمسين مسئلة مما بابه الرواية احب اليّ من ان اخطئ في مسئلة واحدة قياسيّة هذا كلامه او معناه على انه كان يقول قد سمعت الكثير في اول الامر وكنت استحي ان اقول أثبتوا اسمي . قال الشيخ ابو محمد وكثيراً ما تبنى [2] السقطات على الحذاق من اهل الصناعة النحوية لتقصيرهم في هذا الباب فمنه يذهبون [3] ومن جهته يؤتون . تمام هذا الكلام في اخبار ابن الخشاب . وقرأت في تاريخ ابي غالب بن مهذب المعري قال حدثني الشيخ ابو العلاء ان ابا علي مضى الى العراق وصار له جاه عظيم عند الملك

---

(١) ق مرضه وبها (٢) كذا بالاصل (٣) لعله « عنه يذهلون »

فناخسرو فوقعت لبعض اهل المعرفة(١) حاجة في العراق احتاج فيها الى كتاب من القاضي ابي الحسن سليمان الى ابي علي فلما وقف على الكتاب قال اني قد نسيت الشام وأهله ولم يُعِرْه طرفه. قال عثمان بن جني رحمه الله وان وجدت فسحة وامكن الوقت عملت باذن الله كتاباً اذكر فيه جميع المعتلات في كلام العرب واميّز ذوات الهمزة من ذوات الواو والياء واعطي كل جزء منهما حظه من القول مستقصىً ان شاء الله تعالى وذكر شيخنا ابو علي ان بعض اخوانه سأله بفارس املاء شيء من ذلك فاملى عليه صدرًا كثيراً وتقصى القول فيه وانه هلك في جملة ما فقده واصيب به من كتبه . وحدثني ايضاً انه وقع حريق بمدينة السلام فذهب به جميع علم البصريين قال وكنت قد كتبت ذلك كله بخطي وقرأته على اصحابنا فلم اجد من الصندوق الذي احترق شيئاً البتة الا نصف كتاب الطلاق عن محمد بن الحسن وسألته عن سلوته وعزائه فنظر اليّ معجباً ثم قال بقيت شهرين لا اكلم احداً حزناً وهمّاً وانحدرت الى البصرة لغلبة الفكر عليّ واقمت مدة ذاهلا متحيرًا. انقضى كلامه في هذا الفصل . قرأت في المسائل الحلبية نسخة كتاب كتبه ابو علي الى سيف الدولة جواباً عن كتاب ورد عليه منه يردّ فيه على ابن خالويه في أشياء أبلغها سيف الدولة عن ابي علي نسخته : قرأ اطال الله بقاء سيدنا الامير سيف الدولة عبد سيدنا الرقعة النافذة من حضرة سيدنا فوجد كثيراً منها شيئاً لم تجر عادة عبده به لا سيّما مع صاحب الرقعة الا انه

(١) لعله اهل المعرة »

يذكر من ذلك ما يدل على قلة تحفظ هـذا الرجل فيما يقوله وهو قوله « ولو بقي عمر نوح ما صلح ان يقرأ[١] على السيرافي » مع علمه بان ابن[٢] بهزاذ السيرافي يقرأ عليه الصبيان هذا ما لا خفاء به كيف وهو قد خلط فيما حكاه عني واني قلت ان السيرافي قد قرأ عليّ ولم اقل هذا انما قلت « تعلم مني » أو « أخذ عني » هو وغيره ممن ينظر اليوم في شيء من هذا العلم وليس قول القائل « تعلم مني » مثل « قرأ عليّ » لانه قد يُقرأ عليه من لا يُتعلم منه وقد يُتعلم منـه من لا يُقرأ عليه وتعلّم ابن بهزاذ مني في أيام محمد بن السري وبعده لا يخفى على من كان يعرفني ويعرفه كعلي بن عيسى الوراق ومحمد بن احمد بن يونس ومن كان يطلب هذا الشان من بني الازرق الكتّاب وغيرهم وكذلك كثير من الفرس الذين كانوا يرونه يغشاني في صف شونيز كعبد الله بن جعفر بن درستويه النحوي لانه كان جاري بيتَ بيتَ قبل ان يموت الحسن بن جعفر اخوه فينتقل الى داره التي ورثها عنه في درب الزعفراني واما قوله « اني قلت ان ابن الخياط كان لا يعرف شيئاً » فغلط في الحكاية كيف استجيز هـذا وقد كلمت ابن الخياط في مجالس كثيرة ولكني قلت انه لا لقاء له لانه دخل الى بغداد بعد موت محمد بن يزيد وصادف احمد بن يحيي وقد صم صمما شديداً لا يخرق الكلام معه سمعهُ فلم يمكن تعلم النحو منه وانما كان يعوّل فيما كان يؤخذ عنه على ما يمله دون ما كان يقرأ عليه وهذا الامر لا ينكره اهل هـذا الشان ومن يعرفهـم واما قوله « قد اخطأ البارحة في اكثر

---

(١) ق يقر (٢) ق بهن

ما قاله » فاعترافٌ بما ان استغفر الله منه كان حسناً . والرقعة طويلة فيها جواب عن مسائل اخذت عليه كانت النسخة غير مرضيّة فتركتها الى ان يقع لي ما ارتضيه . واكثر النسخ بالحلبيات لا توجد هذه الرقعة فيها . قرأت بخط ابي الفتح عثمان بن جني الذي لا ارتاب به قال:وسألته (يعني ابا علي) فقلت اقرأت انت على ابي بكر فقال نعم قرأته عليه وقرأه ابو بكر على ابي سعيد السكري قال وكان ابو بكر قد كتب من كتب ابي سعيد كثيراً وكتب ابي زيد. قال وذاكرته بكتب ابي بكر وقلت لو عاش لظهر من جهته علم كثير وكلاماً هذا نحوه فقال نعم الا انه كان يطول كتبه وضرب لذلك مثلاً قد ذهب عني اظنه بارك الله لابي يحيي في كتبه او شيئاً [١] نحو ذلك قال وفارقت ابا بكر قبل وفاته وهو يشغل بالعلة [٢] التي توفي فيها وراجعت البلد فارس ثم عدت وتوفي . ورأيت في آخر كتابه في معاني الشعر خطي الذي كان يمله عليّ لا كتبه فيه فعلمت انه لم يزد فيه شيئاً . قال وكان الاصمعي يتهم في تلك الاخبار التي يرويها فقلت له كيف هذا وفيه من التورع ما دعاه الى ترك تفسير القرآن ونحو ذلك فقال كان يفعل ذلك رياء وعناداً لابي عبيدة لانه سبقه الى عمل كتاب في القرآن فجنح الاصمعي الى ذلك

﴿الحسن بن احمد ابو محمد الاعرابي﴾

المعروف بالاسود الغندجاني اللغوي النسابة وغندجان بلد قليل الماء لا يخرج منه الا اديب او حامل سلاح وكان الاسود صاحب دنيا وثروة

---

(١) ق شيه او (٢) ق بالعلم

وكان علامة نسابة عارفاً بايام العرب واشعارها قيّما بمعرفة احوالها وكان مستنده فيما يرويه عن محمد بن احمد ابي الندى (١) وهذا رجل مجهول لا معرفة لنا به وكان ابو يعلى بن الهبارية الشاعر يعيره بذلك ويقول ليت شعري من هذا الاسود الذي قد وصف نفسه على الردّ على العلماء وتصدّى للاخذ على الأئمّة القدماء بماذا نصحح قوله ونبطل قول الاوائل ولا تعويلَ له فيما يرويه الا على ابي الندى ومن ابو الندى في العالم لا شيخ مشهور ولا ذو علم مذكور. قال المؤلف ولعمري ان الامر لكما قال ابو علي هذا رجل يقول اخطأ ابن الاعرابي في ان هذا الشعر لفلان انما هو لفلان بغير حجة واضحة ولا ادلّة لائحة اكثر من ان يكون ابن الاعرابي الذي كان يقاوم الاصمعي وقد ادرك صدراً من العرب الذين عنهم اخذ هذا العلم ومنهم استمد اولو الفهم وكان الاسود لا يقنعه ان يردّ على أئمة العلم ردًّا جميلاً حتى يجعله من باب السخرية والتهكم وضرب الامثال والطنز. والحكاية عنه مستفاضة في انه كان يتعاطى تسويد لونه وانه كان يدهن بالقطران ويقعد في الشمس ليحقق لنفسه التلقيب (٢) بالاعرابي وكان قد رزق في ايامه سعادة وذاك انه كان في كنف الوزير العادل ابي منصور بهرام بن مافنه وزير الملك ابي كاليجار بن سلطان الدولة بن بهاء الدولة بن عضد الدولة بن بويه صاحب شيراز قد خطب له ببغداد بالسلطنة فكان الاسود اذا صنف كتاباً جعله باسمه فكان يفضل عليه افضالاً جماً فاثرى من جهته ومات ابو منصور الوزير في

(١) قال في معجم البلدان انه من اهل غندجان (٢) ق التقليب

سنة ٤٣٣. وقرأت في بعض تصانيفه انه صنف في شهور سنة ٤١٢ وقرئ عليه في سنة ٤٢٨. وللاسود من التصانيف: كتاب السل والسرقة. كتاب فرجة الاديب في الردّ على يوسف بن أبي سعيد السيرافي في شرح ابيات سيبويه. كتاب ضالّه الاديب في الردّ على ابن الاعرابي في النوادر التي رواها ثعلب. كتاب قيد الأوابد في الردّ على ابن السيرافي ايضاً في شرح ابيات اصلاح المنطق. كتاب الردّ على النمري في شرح مشكل ابيات الحماسة. كتاب نزهة الاديب في الردّ على ابي علي في التذكرة. كتاب الخيل مرتب على حروف المعجم. كتاب في اسماء الاماكن [1]*

﴿ الحسن بن احمد بن عبد الله بن البناء ﴾

أبو علي المقرئ المحدث الحنبلي ولد سنة ٣٩٦ وقرأ القرآن على أبي الحسن الحمامي وغيره وسمع الحديث من أبي [2] بشران وغيرهما وتفقه على القاضي أبي يعلى بن الفراء ومات في خامس رجب سنة ٤٧١ وصنف في كل فن حتى بلغت تصانيفه مائة وخمسين مصنفاً منها كتاب شرح الايضاح لابي علي الفارسي في النحو رأيته. وكان له حلقة بجامع القصر يفتي فيها ويقرأ الحديث وحلقة بجامع المنصور. وحدث السمعاني قال سمعت أبا القاسم بن السمرقندي يقول كان واحد من أصحاب الحديث اسمه الحسن بن احمد بن عبد الله النيسابوري وكان سمع الكثير وكان ابن البناء يكشط من التسميع [3] «بوري» ويمدّ السين وقد صار الحسن بن احمد بن عبد الله بن البناء قال كذا قيل انه كان يفعل. قال ابو الفرج وهذا القول بعيد من الصحة

(١) بياض في الاصل (٢) لعله ابني (٣) في بغية الوعاة الطبقة

فانه قال « كذا قيل » ولم يحك عن علمه بذلك فلا يثبت هذا والثاني ان الرجل مكثر لا يحتاج الى الاستزادة لما يسمع ومتدين ولا يحسن ان يظن بالمتدين الكذب والثالث انه قد اشتهرت كثرة رواية ابي علي بن البناء فاين هذا الرجل الذي يقال له الحسن بن احمد بن عبد الله النيسابوري ومن ذكره ومن يعرفه ومعلوم ان من [١] اشتهر سماعه لا يخفى. وقال السمعاني ونقلته من خطه: الحسن بن احمد بن عبد الله بن البناء المقرئ الحافظ ابو علي احد الاعيان والمشار اليهم في الزمان له [٢] في علوم القرآن والحديث والفقه والاصول والفروع عدة مصنفات حكى بعض اصحاب الحديث عنه انه قال صنف خمسمائة مصنف وكان حلو العبارة. قال السمعاني وقرأت بخط الامام والدي: سمعت ابا جعفر محمد بن ابي علي الهمذاني بها [٣] يقول سمعت ابا علي بن البناء ببغداد وقال ذكرني ابوبكر الخطيب في التاريخ بالصدق او بالكذب فقالوا ما ذكرك في التاريخ اصلاً فقال ليته ذكرني في الكذابين. قال السمعاني انبأنا ابو عثمان العصائدي انبأنا ابو علي بن البناء قال كتب الى بعض اخواني من اهل الادب كتاباً وضمنه قول الخليل بن احمد

ان كنت لست معي فالقلب منك معي ... يراك قلبي وان غيبت عن بصري
العين تبصر ما تهوى وتفقده ... وباطن القلب لا يخلو من النظر

فكتب اليه ابو علي لنفسه

اذا غيبت اشباحنا كان بيننا ... رسائل صدق في الضمير تراسل

---

(١) ق ـ (٢) ق ـ (٣) يريد بهمذان

وارواحنا في كل شرق ومغرب تلاقى باخلاص الوداد تواصل
وثم امور لو تحققت بعضها لكنت لنا بالعذر فيها تقابل
وكم غائب في الصدر منه مسلّم وكم زائر في القلب منه بلابل
فلا تجزعن يوما اذا غاب صاحب امين فما غاب الصديق المجامل

﴿ الحسن بن احمد الاسترابادي ﴾

ابو على النحوي اللغوي الاديب الفاضل حسنة طبرستان واوحد ذلك الزمان [١] وله من التصانيف شرح الفصيح . كتاب شرح الحماسة

﴿ الحسن بن احمد بن الحسن بن احمد بن محمد بن سهل ﴾

ابن سلمة بن عشكل بن حنبل بن اسحق العطار الحافظ ابو العلاء الهمذاني المقرئ من اهل همذان مات في تاسع عشر جمادى الاولى سنة ٥٦٩ وذكره بعض الثقات من اهل العلم فذكر له مناقب كثيرة وذكر نسبه وولادته فقال هو ابو العلاء الحسن [٢] بن احمد بن الحسن بن احمد بن محمد بن سهل بن سلمة بن عشكل بن اسحق العطار الهمذاني وكان عشكل من العرب واما ولادته فانها كانت يوم السبت قبل طلوع الشمس الرابع عشر من ذي الحجة سنة ٤٨٨ بهمذان وذكر من مناقبه سمعته رحمه الله يقول سلّمت في صغري الى رجل معلم (قال سماه ونسيت اسمه) قال وكنت احفظ عليه القرآن فحفظت عليه الى سورة يوسف ثم [٣] اجرى الله لساني بحفظ الباقي من القرآن دفعة واحدة من غير تحفظ وتكرار فضلاً

---

(١) لم يبين المؤلف زمانه (٢) في طبقات الحفاظ (٤:١١٨) اسمه محمد بن سهل (٣) ق ـ

منه جل جلاله. وسار في ليلة واحدة في طلب الحديث من جرباذقان الى اصفهان . وسمعته يقول لما حججت كنت امشي في البادية راجلاً قدام القافلة احياناً مع الدليل واحياناً اخلف الدليل حتى عرفني الدليل[1] واستأنس بي ومال اليّ وهو يسير على ناقة له تكاد ترد الريح وكنت ارى الدليل يتعجب من قوتي على السير وكان احياناً يضرب ناقته ويمعن في السير وكنت لاأخلي الناقة تسبقني فقال لي الدليل يوماً تقدر ان تسابق ناقتي هذه فقلت نعم فضربها وعدوت معها فسبقتها . قال وكان كثير الحفظ للعلوم كثير المجاهدة في تحصيلها فسمعته يقول رحمه الله : حفظت كتاب الجمل فى النحو لعبد القاهر الجرجاني في يوم واحد من الغداة الى وقت العصر . قال وسمعت الشيخ اباحفص عمر بن الحسين الوشاء المقرئ يقول سمعت الامام الحافظ رحمه الله يقول حفظت يوماً ثلاثين ورقة من القراءة قال وسمعت الامام الحافظ ابا بكر محمد بن شيخ الاسلام الحافظ ابي العلاء قال سمعت الشيخ الصالح ابراهيم المرجي قال سمعت الشيخ رحمه الله يقول ولو ان احداً أتاني بحديث واحد من احاديث رسول الله صلى الله عليه وسلم لم يبلغني لملأت فاه ذهباً . قال وكان الشيخ رحمه الله حفظ كتاب الجمهرة لابي بكر بن دريد وكتاب المجمل لابن فارس وكتاب النسب للزبير بن بكار . قال و بلغني عن الثقة ان الحافظ ابا جعفر رحمه الله كان يقول لو ان الله تعالى يقول لي يوم القيامة ماذا اتيتني به اقول ربي وسيدي اتيتك بابي العلاء العطار . قال وكان الحافظ ابو القاسم اسمعيل

(١) ق الليل

ابن محمد بن الفضل الجوزي رحمه الله يملي [١] يوماً في الجامع باصفهان وعنده جماعة من المحدثين اذ دخل الشيخ الحافظ ابو العلاء رحمه الله من باب الجامع فلما نظر الحافظ ابو القاسم اليه امسك من الاملاء ونظر الى اصحابه وقال أيها القوم ان الله عز وجل يبعث لهذه الامة على رأس كل مائة سنة من يجدّد لها دينها وهذا الرجل المقبل من جملتهم قوموا نسلم عليه [٢] فقاموا واستقبلوه وسلموا عليه واعتنقوه . قال وكان يقرأ على الشيخ ابي العز المقرئ القلانسي الواسطي رحمه الله وكان يفضله على اصحابه فشق ذلك عليهم فاجتمع بعضهم يوماً وفيهم الشيخ ابو العلاء رحمه الله فسألهم الشيخ ابو العز عن اختلاف القرّاء في قوله تعالى كَوْكَبٌ دُرِّيٌّ يوقد واقاويل الائمة فيها فسقط في أيديهم وتاهوا في شرحها وما اجابوا بطائل ثم اقبل الشيخ ابو العز على الشيخ رحمه الله وقال تكلم انت فيها يا ابا العلاء فشرع فيها الشيخ وعدّ بضعة عشر قولاً وادى فيها حقها باحسن اشارة وابلغ عبارة فلما فرغ نظر الشيخ ابو العز الى اصحابه الحاضرين وقال بهذا افضّله عليكم لو امهلتكم مدة لما قدرتم على الذي ذكر هو بديهةً من غير عزيمة سابقة ورويّه سالفة . قال وكان محترماً عند الخلفاء والسلاطين كتب اليه المقتفي لامر الله أمير المؤمنين كتاباً من جملته : وبعد فان الاب القديس النفيس خامس أُولي الْعَزْمِ وسابع السبعة على الحزم وارث علم الانبياء حافظ شرع المصطفى ابا العلاء ثم ذكر كلاماً واستدعا منه الدعاء . قال وسمعت ولده ابا محمد عبد الغني بن الشيخ الحافظ ابي العلاء

(١) ق يملا (٢) ق عليهم

رحمه الله يقول لما ادخل أبي على أمير المؤمنين المقتفي لامر الله رضي الله عنه بعد استدعاء امير المؤمنين اياه كان يأمره خواصّ الخليفة بتقبيل الارض في المواضع وكان يأبى ذلك فلما اكثروا عليه قال دعوني انما السجود لله تعالى فكفوا عنه حتى وصل اليه وسلم بالخلافة عليه فقام له أمير المؤمنين وأجلسه ثم كلمه ساعة وسأل منه الدعاء فدعا وأذن له في الرجوع فرجع وكانوا قد أحضروا الخلعة والصلة فاستعفى عن ذلك فاعفي وخرج من بغداد حذراً من فتنة الدنيا وآفاتها. وحدثني غير واحد ان السلطان محمداً لما دخل عليه داره نصحه كثيراً ووعظه وكان السلطان جالساً بين يديه مقبلاً عليه بوجهه مصغياً الى كلامه فلما قام ليخرج أمره بتقدمة رجله اليمنى وأخذه الطريق من الجانب الايمن. وسمعت الامام أبا بشر الثاني[1] رحمه الله يقول سمعت عبد الغني بن سرور[2] المقدسي يقول كنت يوماً في خدمة الحافظ ابي طاهر السلفي بثغر الاسكندرية نقرأ الحديث فجرى ذكر الحفاظ الى ان انتهى الكلام الى ذكر الحافظ أبي العلاء رحمه الله فاطرق الحافظ أبو طاهر عند ذكره ثم رفع رأسه وقال: قدّمه دينه قدّمه دينه. قال وسمعت أبا بشر محمد بن محمد بن منصور المقرئ الخطيب بشيراز يذكر الحافظ أبا العلاء رضي الله عنه ويثني عليه ثم أنشد يقول

فسار مسير الشمس في كل موطن ... وهبّ هبوب الريح في الشرق والغرب

قال وسمعت الامام أبا نصر احمد بن الامام الحافظ ابي الفرج بن عبد

(١) كذا بالاصل (٢) في طبقات الحفاظ (٤:١٦٥) مسرور

الملك بن الشعار يقول : سمعت الامام ابا الحسن الحراني يقول : كنت اطوف بالكعبة فرأيت شيخاً في الطواف فلما نظرت اليه تفرست فيه الخير والصلاح وانتظرته حتى قضى طوافه فدنوت منه وسلمت عليه فردّ[١] عليّ السلام فسألته عن الوطن فسمى لى موضعاً بعيداً ذكره ابو الحسن ونسيه ابو نصر قال ابو الحسن أي شيء المقصد بعد بلوغك بيت ربك فقال مقصدي الحافظ ابو العلاء فتعجبت في نفسي وقلت ستظفر ان شاء الله بمقصودك وتنال مظلوبك وبكيت حتى غلبني البكاء فقال وممّ بكاؤك فقلت ان الحافظ ابا العلاء الذي تقصده وتأمل بلوغه قد كنت مستفيداً منه[٢] كذا وكذا سنة قرأت عليه القرآن ختما وسمعت منه الحديث الكثير فتعجب من قولي وقام اليّ وقبّل بين عيني وهو يفدّيني بابيه وامه وغاب عني . قال وسمعت ابا بشر يقول لما دخلت على الامام ابي المبارك المقرئ بشيراز جعل يذكر شيخ الاسلام الحافظ ابا العلاء الهمذاني رحمه الله ويثني عليه ثم أنشد متمثلاً

فسار مسير الشمس في كل موطن ... وهب هبوب الريح في الشرق والغرب

قال رحل اليه رجل من اقصى المغرب وكان له حظ في كل علم ومدحه بقصيدة هي من غرر[٣] القصائد وذكر احواله في سفرته وما أصابه من التعب والمشاقّ ومن شعره فيه ايضا

سعى اليك على قرب ومن بعد ... من كان في رغبة في العلم والسند

حتى اناخ بمغناك الكريم وقد ... كلت ركائبه في العنف والسند

(١) ق ـ (٢) ق ـ (٣) ق ـ

كذاك اثرى وما وعت[1] انامله لكن وعى قلبه ما[2] شاء من مدد
وما اناخ بمغنى غيركم احد الا ونودي ما بالربع من احد
وقد قصدتك من اقصى المغارب لا ابغي سواك لوحي الواحد الصمد
وما امتطيت سوى رجليّ راحلة وقد غنيت عن العيرانة الاجد
وهذه رحلة بكر كشفت لها عن ساق ذي عزمات غير متئد
عناية لم تكن قبلي لذي طلب وحظوة لكم[3] في غابر الابد
هل كان قبلك خير امةٍ رجلٌ وسار مدة حولٍ سير مجتهد
ابا العلاء العلاء الكل انك في اقصى العراق مقيم منه في بلد
وقد فشا لك ذكر في البلاد كما فاحت ازاهر روض للغمام ندي

قال وسمعت الشيخ رحمه الله يقول يوماً لمن حضره ان خلف ابو العلاء ديناراً[4] او درهماً بعد موته فلا تصلوا عليه وكان رحمه الله لا يبقي على الذهب والفضة وكل ما آتاه الله منها يصرفه في اليوم وينفقه في قضاء الديون ومراعاة الناس فمات ولم يخلف ديناراً ولا درهماً حتى بيعت داره وقضي منه دينه . قال وكان رحمه الله شديد التمسك بسنن رسول الله صلى الله عليه وسلم فكان لا يسمع باطلاً او يرى منكراً الا غضب لله ولم يصبر على ذلك ولم يداهن . قال سمعت ابا رشيد راشد بن اسماعيل المعدل يقول كنت عند الشيخ يوماً فدخل عليه ابو الحسين العبادي الواعظ زائراً وجلس عنده زماناً وجعل يكلم الشيخ الى ان جرى في كلامه : وعزمت غير مرة على الاتيان الى الخدمة لكني منعني كون الكوكب الفلاني في

(١) ق اودعت (٢) ق من (٣) لعله لم تكن (٤) ق –

البرج الفلاني فزبره [١] الشيخ وقال السنة اولى ان تتبع فقام العبادي خجلاً وخرج. وكان من ورعه في رواية الحديث عن رسول الله صلى الله عليه وسلم انه ما كان يترجم الحديث للعامة رعايةً منه للصدق واستدعي منه بهمذان ان يفسر للناس حديثاً واحداً فأجاب وقعد لذلك فلما شرع فى الكلام قال: قال رسول الله صلى الله عليه وسلم واستدعي منه ثانياً بالكرخ كذلك فروى حديثاً في فضائل الاعمال وفي بعض الفاظه «حتى يدخل الجنة» ففسر لفظة الجنة قبل ان يفسر لفظة «حتى يدخل» كأنّه قدم لفظة «الجنة» على لفظة «حتى يدخل» في ترجمته فاستغفر ورجع واتى بها على الوجه المنطوق به في حديث رسول الله صلى الله عليه وسلم. وكان رحمه الله يتحرج عن القصص والكلام فيها والتمنق والتكلف حذراً من الزيادة والنقصان. ولما قصد السلطان محمد بغداد وحاصرها وخالف الامام المقتفي لامر الله أمير المؤمنين رضي الله عنه كان الشيخ رحمه الله يقرأ صحيح البخاري بهمذان على الشيخ عبد الاول رحمه الله على اسليهو [٢] يحضره لسماع الكتاب عامة اهل البلد من الامراء والفقهاء والعلماء والصوفية والعوام فصرح القول قائماً على المنبر بان السلطان ومن معه من جنوده خارجة مارقة ثم قال لو ان رجلاً من عسكر أمير المؤمنين رمى رجلاً من اصحاب السلطان بسهم وجاءه آخر من غير الفريقين فنزع السهم من جراحته يكون هو ايضاً خارجياً باغياً وكرر القول في ذلك مراراً. قال وسئل الشيخ رحمه الله عن سبب اكثر اشتغاله بعلم الكتاب والسنة

---

(١) لعله فزجره (٢) كذا بالاصل ولعله «اسلوب»

فقال اني نظرت في ابتداء امري فرأيت اكثر الناس عن تحصيل هذين العلمين معرضين وعن دراستهما لاهين فاشتغلت بهما وانفقت عمري على تحصيلهما حسبة . قال ورأى رحمه الله قلة رغبة الخلق في تحصيل العلم والرحلة ولقاء الشيوخ فاتخذ مهداً وعزم على المضي الى بغداد واصفهان للرواية ورفع منابر العلم واحياء السنة حسبةً فمنعه الضعف والكبر وادركته المنية وهو على هذه النية . قال سمعت الثقة يقول: سمعت الشيخ رحمه الله يقول : كنت واقفاً يوماً على باب دار الشيخ ابي العز القلانسي رحمه الله في حر شديد انتظر الاذن فمر بي انسان فرآني على تلك الحال واقفاً فقال لي أيها الرجل لو انك تصير اماماً يقرأ عليك ويقتدى بك اهكذا كنت تفعل انت بطلبة العلم ومن يأتيك من الغرباء فذرفت عيناي فقلت لا ان شاء الله واشهدت الله تعالى في نفسي في تلك الحال على اني لا آخذ على التعليم والاقراء والتحديث اجراً ولا ابخل بعلمي على احد وابذله حسبةً فكان كما قال ويقعد لطلبة العلم من اول النهار الى آخره . قال وكان الشيخ رحمه الله لا يُرى طول نهاره الا كاتباً لحديث رسول الله صلى الله عليه وسلم او مطالعاً له او مشتغلاً به او مصغياً الى قراءة القرآن وطلبة العلم هكذا كان دأبه بالنهار ويجعل ليلته ثلاثة اثلاث يكتب في ثلث ويتفكر في ثلث وينام في ثلث وكان كثيراً ما يقول عند انتباهه من النوم يا كريم اكرمنا وكان من كرامته على الناس واقبال الناس عليه والتبرك به انه كان يصعب عليه المرور يوم الجمعة في مضيه ورجوعه لازدحام الخلق عليه وكان جماعة من الشبان يتحلقون حواليه يدفعون عنه زحمة الناس وهو يمر في

وسطهم مطرقاً لا يشتغل باحد وهو يقول يا من اظهر الجميل وستر على القبيح . قال سمعت العدل عمر بن محمد يقول دخلنا على الامام الحافظ ابي العلاء رضي الله عنه وهو يكتب فقعدنا عنده ساعةً فوضع ما في يده وقام ليتوضأ فنظرنا فيما كتب فاذا هو قد بيض كل موضع فيه اسم من اسماء الله تعالى او ذكر لرسول الله صلى الله عليه وسلم فتعجبنا من ذلك فلما رجع سألناه عن ذلك فقال اني لما كنت اكتب ذلك شككت في الوضوء فما جوزت ان اكتب بيدي اسماء الله تعالى او ذكر الرسول صلى الله عليه وسلم وانا شاك في الوضوء .وكان الشيخ رحمه الله اذا نزل بالناس شدة او بلاء يجيء اليه الناس ويسألونه الدعاء فيقول اللهم اني اخاف على نفسي اكثر مما يخافون على انفسهم وكان كثيراً ما يقول ليتني كنت بقالاً او حلاجاً ليتني نجوت من هذا الامر . رأساً برأس لا عليّ ولا ليا . قال وسمعت والدي يحكي عن الامام عبد الهادي بن علي رحمة الله عليه انه قال كنت امشي يوماً مع الشيخ الامام الحافظ رحمه الله في الشتاء في وحل شديد وفي رجليه مداس خفيفة يكاد يدخل فيها الطين فقلت له يا اخي لو لبست مداساً غير هذا يصلح للشتاء فقال اذا لبست غيرها لهت عيني عن النظر اليها فربما نظرت الى منكر او فاحشة وفي دوام نظري اليها وحفظي لها عن الوحل شغل عن ذلك وحفظ للبصر . قال وكراماته مشهورة بين الناس منها ما كتب به اليّ الشيخ ابو(١) عبد الله محمد بن ابراهيم المقرئ قال سمعت الاستاذ بهلة الطحان يقول : حملت احمال الحنطة

---

(١) ق ابي

من دار الشيخ رضي الله عنه لاطحنها لاهله فلما طحنتها ووضعت بعضها على بعض قصد بعض من في الطاحونة من المستحقين ان يأخذ شيئاً من ذلك الدقيق ليخبز منه رغيفاً فصحت عليه ومنعته من الاخذ فلما رددت الاحمال الى دار الشيخ من الغد تبسم الشيخ في وجهي وقال ويلك يا بهلة لم منعت الرجل ان يأخذ قبضات من الدقيق فتحيرت من قوله وقبّلت في الحال رجليه وتبت على يديه واستغفرت الله عز وجل عما سلف مني من الذنوب وصرت معتقداً في كرامات اولياء الله تعالى . قال سمعت ابا محمد عبد الله بن عمر يقول كنت يوماً في خدمة الشيخ رضي الله تعالى عنه نأكل الغداء فدقّ الباب داقّ فقمت وفتحت له الباب فاذا بالشيخ الصالح مسعود النعال فاستأذنت له فدخل وقعد عند الشيخ الى الطعام فلما كان بعد ساعة نظر الى مسعود وقال يا مسعود لو ان النطفة التي قدر الله عز وجل في سابق علمه ان يخلق منها خلقاً صبت على الارض لظهر من [1] ذلك الخلق فلما سمع مسعود النعال هذا الكلام انزعج وبكا وصاح فتعجبنا من تلك الحالة فلما سكن سألته عن سبب انزعاجه [2] وتواجده من كلام الشيخ فقال لي اعلم اني تزوجت امرأة منذ سنين كثيرة وما رزقت منها ولداً واني جئت اليوم لاسأل منه الدعاء حتى يرزقني الله عز وجل ولداً صالحاً فقبل سوالي اياه حدثني بما في قلبي واظهر لي سري واسمعني ما سمعتم قال ثم دعاه الشيخ رضي الله عنه ودعا له وسأل الله عز وجل له الولد وناوله شيئاً من بقية طعامه وقال

(١) لعله منها (٢) ق ابن جماعة

اطعمها اهلك قال ثم رأيته بعد ذلك بمدة فقال قد رزقني الله عز وجل والحمد لله ابناً وبنتاً ببركة دعاء الشيخ وهمته . قال وسمعت الشيخ ابا عبد الله يقول سمعت الشيخ ابا بكر عبد الغفار بن محمد بن عبد الغفار وكان خال ولد الشيخ رضي الله عنه يقول لي هل علمت سبب وفاة اختي يعني التي كانت حليلة الشيخ رحمة الله عليهما قلت لا قال * قالت اختي (١) كان للشيخ في الدار بيت مختص به لا يدخله غيره وكان يأذن لي في بعض الليالي بدخولي فيه وفي اكثر الاوقات واغلب الليالي يغلق الباب على نفسه ويخلو فيه بنفسه وابيت انا في الدار وحدي فاشتد ذلك علي حتى اقلق نهاري واسهر ليلي فبينا انا متفكرة في بعض تلك الليالي اذ قلت في نفسي لم لا اقوم فارتقي الرواق (٢) وانظر اليه من كوة البيت لاقف على حاله فقمت وارتقيت الرواق فقبل بلوغي الكوة رأيت نوراً عظيماً وضياء ساطعاً من البيت اضاء منه شيء (٣) فتقدمت ونظرت في البيت فرأيت الشيخ جالساً في مكانه وحوله جماعة يقرءون عليه وكنت ارى سوادهم واسمع حسهم غير اني لا ارى صورهم فهالني ذلك ووقعت مغشياً علي لا اشعر شيئاً الا اني رأيت الشيخ واقفاً على رأسي فاقامني وتلطف بي وقال لي ماذا دهاكِ فقصصت عليه قصتي فقال لي كفي عن هذا ولا تخبري بما رأيت احداً من الناس ان كنت تريدين رضاي فقبلت منه ذلك وكتمت سره حتى امرضني وحملت مريضة الى دار ابي. قال الامام ابو عبد الله وقال لي الشيخ ابو بكر واشتد عندنا مرضها وكنا

---

(١) ق ــ (٢) ق الفوق (٣) كذا بالاصل ولعله « الافق »

نسئلها عن سبب مرضها وكانت تعلل باشياء الى ان وقعت في هول الموت وسياق النزع ثم [١] نظرت الينا و بكت ثم قالت اوصيكم بزوجي ابي العلاء واسترضائه والآن بدا لي ان اخبركم بسبب موتي ثم قصت علينا هذه القصة وفارقت الدنيا رحمها الله . قال وسمعت الشيخ ابا العلاء احمد بن الحسن الحداد العارف يقول سمعت الشيخ عمر بن سعد بن عبد الله بن حذيفة من نسل حذيفة بن اليمان رضي الله عنه يقول : كنت مع الحافظ ابي العلاء في بعض الاسفار فادركنا شيخاً من اهل الحديث وانتخب عليه الحافظ جزءاً من مسموعه وسما [٢] عليه وارتحلنا من عنده فوصلنا الى نهر عظيم فلما عبرنا النهر وقع ذلك الجزؤ منا وضاع وضاق قلب الحافظ لذلك ضيقاً شديداً فلما كان بعد ذلك بايام استقبلنا رجل حسن الوجه حسن الشارة وسلم علينا ثم اقبل على الحافظ وقال ما الذي اصابكم وما سبب حزنك فقص عليه الحافظ قصة الجزء وكيفية ضياعه فقال خذ القلم واكتب عني جميع ما ضاع عنك في ذلك الجزء واخذ الحافظ القلم متعجبا ننظر اليه وهو يملي والحافظ يكتب الى ان فرغ فلما فرغ الحافظ اخذ بعض ثيابه فقال انشدك الله من انت فقال انا اخوك الخضر وبعثت اليك لهذا الامر ثم غاب عنا فلم نره . سمعت الشيخ الصالح سنقر بن عبد الله غلام شيخنا ابي طاهر محمد بن الحسن بن احمد العطار رحمه الله اخي [٣] الشيخ رضي الله عنه يقول اني خدمت الشيخ رضي الله عنه سنين كثيرة فرأيت العجائب الكثيرة في خلواته منها انه قام ليلة ليتوضأ فقال لي

---

(١) ق ـ (٢) لعله وسلمنا (٣) الصواب « ابن »

استقِ الماء من البئر فجئت وارسلت الدلو فيها فلما بلغ الدلو الى راس البئر نظرت فيها فاذا الدلو مملوء ذهباً احمرِ اضاء الدار حمرته فصحت صيحةً عظيمةً فقال لي ايها الشيخ ماذا اصابك فاريته الدلو فاسترجع ثم استأخر(١) وقال لي اقلب الدلو فى البئر فانا نطلب الماء لا الذهب قال فقلبتها ثم اخذ الدلو من يدي واستقى الماء وقال لي يا سنقر اياك اياك ان تخبر بما رأيت احداً من الناس ما دمتُ حياً. قال رأيت بخط الثقة ذكر انه نقل من خط الشيخ ابي الفتح محمد بن الحسين بن وهب : سمعت الشيخ ابا عبد الله الحسين بن ابراهيم بن الحسين بن جعفر الجوزقاني يقول كنت نائما ذات ليلة فرأيت فيما يرى النائم كانّ الناس يهرعون الى رباط ابي الفرج احمد بن علي المقرئ رحمة الله عليه قال فسألت ما لهؤلاء فقالوا ان انس بن مالك رضي الله عنه نزل في رباط المقرئ ففرحت واسرعت وقصدت الامام الحافظ ابا العلاء واخبرته بذلك فلما سمع منّي فرح ونشط وقام واخذ جزءاً واحداً من احاديث انس بن مالك رضي الله عنه وجاء معي حتى دخلنا الرباط فاذا رسول الله صلى الله عليه وسلم جالس في الرباط ورأينا انس بن مالك عن يساره فقدّمنَا الي رسول الله صلى الله عليه وسلم وسلمنا عليه وجلسنا بين يديه فاستأذنه ابو العلاء في قراءة ذلك الجزء عليه فأذن له فابتدأ ابو العلاء بالقراءة وقرأ ذلك الجزء قراءة حسنة مبينة صحيحة ورأيته صلى الله عليه وسلم يتبسم من الفرح مرة الى وجهه ومرة الى وجهي فلما قرأ الجزء انتبهت من النوم وقمت وتوضأت وصليت

(١) كذا بالاصل ولعله استغفر

الصلاة شكراً لله تعالى على مارأيت في المنام قال وسمعت الشيخ عمر بن ابي رشيد بن طاهر الزاهد يقول رآني يوماً الشيخ علي الشاذاني صاحب الكرامات الظاهرة فقال ياعمر اذهب الى الحافظ ابي العلاء وقبّلْ جبينه عني فاني رأيت الليلة في المنام من قَبَّل جبهته موفياً محتسباً غفر الله له. قال وسمعت الشيخ الزاهد وكان من الابدال انشاء الله يقول سمعت الشيخ سعيداً المتقي وكان من الصالحين يقول: رأيت جنات عدن مفتوحة ابوابها واذا الناس كلهم وقوف ينظرون دخول شخص فلما قرب من الباب وكاد يدخل جنة عدن سألت من هذا الشخص الذي يدخل جنة عدن قبل دخول الخلائق فقالوا الحافظ ابو العلاء ومن كان يحبّه في الله عز وجل فتضرعت وبكيت وقلت وانا ايضاً ممن يحبّه في الله عز وجل دعوني ادخل فقال شخص صدق دعوه يدخل فدخلت مع القوم وهم يقولون أُدْخُلُوهَا بِسَلَامٍ آمِنِينَ. قال المصنف وحكى لي الشيخ الامام ابو عبد الله زبير بن محمد بن زبير المشكاني رحمه الله فقال رأيت ليلة من الليالي في المنام كأنَّ الامام ابا العلاء رضي الله عنه يمشي الي الحج وهو جالس فى المهد مربع والمهد يمشي فى الهواء بين السماء والارض فعدوت خلفه فنزل المهد من السماء الى الارض وشيء[1] مثل الوتد حتى خرج من ذلك المهد فتعلَّقت به فقام المهد يمشي فى الهواء وانا متعلق به حتى وصلنا الفرات فأخذني العطش فقلت للحافظ اني عطشان اريد اشرب فقال لي تعال حتى نشرب من زمزم فمشينا حتى وصلنا مكة فدخلت الحرم وشربت من ماء زمزم ورأيت في

(١) لعله وظهر شيءٌ

الحرم خلقاً كثيراً و رأيت رسول الله صلى الله عليه وسلم مع الحافظ ابي العلاء جالساً على تل في الحرم اعلى من سطح الحرم وما معهما احد غيرهما وهما يستقبلان الكعبة و ينظران الى فوق ورأيت رسول الله صلى الله عليه وسلم يتكلم مع احد نحو فوق الكعبة واذا أراد ان يتكلم قام اليه ورأيت شيخنا ابا العلاء شاخصاً ببصره الى الذي يكلم النبي صلى الله عليه وسلم فوق الكعبة ولا يلتفت يميناً ولا شمالاً فقلت في نفسي اذهب فابصر من الذي يكلم النبي صلى الله عليه وسلم معه و ينظر اليه الحافظ ابو العلاء فتقدمت ونظرت الى فوق الكعبة فرأيت عرش الرحمن جل جلاله واقفاً فوق الكعبة ورأيت الرحمن جل جلاله عليه فأشار اليّ النبي صلى الله عليه وسلم ان « اسأل الله تبارك وتعالى » فسألت الله تعالى اربع حاجات فسمعته يقول بالفارسية كردم وسألت رسول الله صلى الله عليه وسلم حاجة ففعل فنويت الرجوع فقال لي رسول الله صلى الله عليه وسلم اتذهب فوقفت انتظر امره فقال لي رسول الله صلى الله عليه وسلم بالفارسية شكرانه گو فوقفت وقرأت قُلْ هُوَ ٱللّٰهُ أَحَدٌ خمسمائة مرة فقال لي رسول الله صلى الله عليه وسلم حسن فرجعت وتركت رسول الله صلى الله عليه وسلم جالساً مع الحافظ ابي العلاء على ذلك التل و ينظران الى الله عز وجل . وقد مدحه أفاضل عصره باشعار كثيرة منهم ابو عبد الله محمد بن عبد الله المغربي وقد خرج الشيخ فحجبت الشمس عما [1] فقال في ذلك

ظهرت فاخفت وجهها الشمس هيبةً   وشوقاً الى مرآك اسبلت الدمعا

---

(١) لعله غيما

ولما رأت مسعاك كفّت شؤونها　　لئلاّ ترى حيا وقصدك[١] عن مسعى
وقد كان ذاك القطر ايضا دلالة　　على ان مولى الجمع قد رحم الجمعا
ولا شك ان الله يرحم امة　　حللت بها قطعا اقول بذا قطعا

وقد مدحه ابو عبد الله المغربي هذا بقصائد حسان وقد افردها[٢] الشيخ الامام ابو عبد الله محمد بن محمود بن ابراهيم بن الفرج مؤلف هذه المناقب رحمه الله والاصل يشتمل على ستة اجزاء بخطه كلها رحمه الله وقد ذكر فيه بعد ذكر القصائد التي ذكرتها : سمعت ابا بشر محمد بن محمد بن محمد ابن هبة الله بن عبد الله بن سهل رحمه الله يقول كان ابو عبد الله المغربي باصفهان في مدرسة النظام وهو يقرأ القرآن فلما بلغ قوله عز وجل وَٱعْبُدْ رَبَّكَ حَتَّىٰ يَأْتِيَكَ ٱلْيَقِينُ قام وضرخ وترك امتعته وكتبه واقبل الى الصحراء هائماً وما رؤي بعد ذلك ولا سمع له خبر ولا اثر . وانشد موفق ابن احمد المكي الخطيب في مدحه

حِفظ الامام ابي العلاء الحافظ　　بالرجل ينكت هام حفظ الجاحظ
عمرو بن[٣] بحر بحره من جدول　　متشعب من بحر بحر الحافظ
ما ان رأينا قبل بحرك من　　بحر طفوح الاتي لافظ[٤]
احييت ما قد فاظ من سنن العلى　　والعلم قبلك في انتزاع الفائظ
بهظ البرايا عبء ادنى علمه　　اعظم به[٥] من عبء علم باهظ
كم واعظ لي ان اجاور[٦] هجوه　　لو كان ينجع فيّ وعظ الواعظ

---

(١) لعله يصدك (٢) لعله اوردها (٣) ق عمرو وبحر (٤) البيت محرف (٥) ق ـ (٦) كذا بالاصل ولعله اجاوز

غاظ الاعادي جاهه لعلومه ردت غيظهم بهذا الغائظ [١]

وانشد ايضاً في مدحه

وليس اعتراف الحاسدين بفضله لشيءٍ سوى ان ليس يمكنهم جحدُ
بدا كعمود الفجر ما فيه شبهة فهل لهم من ان يقرّوا به بدُّ

وانشد الامام العلامة افضل الدين ابو عمرو عثمان بن عبد الملك بن عبيد الله بن احمد بن سعيد الدمانحر [٢] الكرخي رحمة الله عليه في مدحه

صبراً فايام الهموم تزول والدهر يعطيك المنى وينيل
ويبدو [٣] من فلك السعادة ناقياً قمر الاماني والنحوس افول
لا تايسنّ اذا المّ [٤] ملمة ان الشدائد تعتري وتحول
والفضل لا يزري به عدم الغنى أفليس [٥] يحسن في الرماح ذبول
ما ان يضرّ العضب بعد مضائه يوم القراع اذا عرته فلول
لا تشتغل بالعسر واُطو مشمّراً بسط الفيافي والشباب [٦] مقيل
والبس سواد الليل مرتدياً به ان التجلد للرجال جميل
حتى تنيخ العيس في كنف العلى حيث التكرم بالجميل كفيل
كنف الامام القرم قطب الدين مَنْ جوب الفلا الا اليه فضول
صدر الزمان أبي العلاء سميدع غر المعالي في ذراه تقيل

وهي طويلة ولموفق الدين مكي خطيب خوارزم اشعار كثيرة في مدحه منها

(١) البيت محرف (٢) كذا بالاصل ولعله الدامنكير (٣) لعله ويعود (٤) ق اخي ان (٥) ق وليس (٦) لعله والسبات

بقيت بقاء الدهر في الناس خالداً   ياخير من في الارض خالاً ووالدا

لتروي أحاديث النبي محمد   وتحيي مسانيداً وتزوي معاندا

فهذا دعائي بالحجون و بالصفا   وهذا مرامي حيث ما كنت ساجدا

قال وسمعت الثقة يقول سمعت الشيخ رضي الله عنه يقول: لما مات فلان (أحد أصدقائه ذكر اسمه ونسيه [١]) شق علي موته واثر في وفاته فكنت بعد ذلك اكتب كل سنة كتاب الوصية وأنا سمعت منه حينئذ صغيراً وهو يقول غدا [٢] من شهر رجب شهر الله الاصب وانا اريد ان اجدد مع ربي عهداً وهذا كتاب وصيته: بسم الله الرحمن الرحيم اخبرنا عبد القادر اليوسفي وهبة الله بن احمد الشيباني قالا اخبرنا ابو علي الحسن بن علي التميمي اخبرنا احمد بن جعفر القطيعي حدثنا عبد الله بن احمد بن محمد بن حنبل رضي الله عنهما حدثنا محمد بن عبيد حدثنا عبيد [٣] الله بن عمر عن نافع عن ابن عمر رضي الله عنه ان رسول الله صلى الله عليه وسلم قال ما حق امرئ مسلم يبيت ليلتين وله شيء يوصي فيه الا ووصيته مكتوبة عنده . واخبرنا الشيخ ابو القاسم زاهر بن طاهر بن محمد بن محمد الحافظ اخبرنا ابو عثمان سعد بن محمد البحيري اخبرنا ابو الخير الحنبلي وابو بكر محمد بن احمد بن عقيل قالا اخبرنا ابو بكر محمد بن حفص بن جعفر حدثنا اسحق بن ابراهيم الغضبي حدثنا خالد بن يزيد الانصاري حدثني محمد بن ابي ذئب عن نافع عن ابن عمر رضي الله عنهما عن النبي صلى الله عليه وسلم قال: من لم يحسن الوصية عند الموت كان نقصاً في مروءته

---

(١) لعله ونسيته (٢) لعله غد الاول (٣) ق عبد

وعقله . قيل وكيف يوصي . قال يقول اللهم فاطر السموات والارض عالم الغيب والشهادة الرحمن الرحيم اني اعهد اليك في دار الدنيا اني أشهد أن لا اله الا أنت وحدك لا شريك لك وأن محمداً صلى الله عليه وسلم عبدك ورسولك وأن الجنة حق وأن النار حق وأن البعث حق والحساب والقدر حق والميزان حق وان الدين كما وصفت وان الاسلام كما شرعت وان القول كما حدثت وان القرآن كما أنزلت جزى الله محمداً صلى الله عليه وسلم عنا خير الجزاء وحيا محمدا منا بالسلام اللهم ياعدتي عند كربتي ويا صاحبي عند شدتي ويا ولي نعمي الهي واله آبائي لا تكلني الى نفسي طرفة عين فانك ان تكلني الى نفسي أقرب من الشر وأباعد من الخير فآنسني في قبري من وحشتي واجعل لي عهداً يوم القاك ثم يوصي بحاجته. وتصديق هذه الوصية في القرآن لَا تَنفَعُ ٱلشَّفَاعَةُ إِلَّا مَنِ ٱتَّخَذَ عِندَ ٱلرَّحْمَٰنِ عَهْداً فهذا عهد الميت وهذه وصيته سنة ٥٢١ ونقلتها من خطه: بسم الله الرحمن الرحيم هذا ما اوصى به الحسن بن احمد بن الحسن ابن احمد بن محمد العطار طوعاً في صحة عقله وبدنه وجواز امره اوصى وهو يشهد أن لا اله الا الله وحده لا شريك له لم يتخذ صاحبةً ولا ولداً ولم يكن لَهُ شَرِيكٌ فِي ٱلْمُلْكِ وَلَمْ يَكُن لَّهُ وَلِيٌّ مِّنَ ٱلذُّلِّ وخلق كل شيء فقدره تقديراً أَلَا لَهُ ٱلْخَلْقُ وَٱلْأَمْرُ تَبَارَكَ ٱللَّهُ رَبُّ ٱلْعَالَمِينَ ويشهد ان محمداً عبده ارسله بالهدى ودين الحق ليظهره على الدين كله ولو كره المشركون صلى الله عليه وعلى اصحابه وسلم تسليماً كثيراً ويشهد أن الجنة حق والنار حق والبعث حق وان الساعة آتية لا ريب فيها وان

الله يبعث من في القبور وانه جلّ وعزّ جامع الاوّلين والآخرين لميقات يوم معلوم في صعيد واحد يُسْمِعهم الداعي وينفذهم البصر ويشهد ان صلاته ونسكه ومحياه ومماته لله رب العالمين لا شريك له وبذلك امرت وهو اول المسلمين وانه رضي بالله ربّاً وبالاسلام ديناً وبمحمد صلى الله عليه وسلم نبياً وبالقرآن اماماً وبالمؤمنين اخواناً وانه يدين لله عزّ وجلّ بمذهب اصحاب الحديث ويتضرع الى الله عزّ وجلّ ويتوسل اليه بجميع كتبه المنزلة واسمائه الحسنى وكلماته التامات وجميع ملائكته المقربين وانبيائه المرسلين يحييه على ذلك حياً ويميته على ذلك اذا توفاه وان يبعثه عليه يوم الدين واوصى نفسه وخاصّته وقرابته ومن سمع وصيته بتقوى الله وان يعبدوه في العابدين ويحمدوه في الحامدين ويذكروه في الذاكرين ولا يموتُنَّ إلاَّ وَهُمْ مُسْلِمُونَ واوصى الى الشيخ ابي مسعود اسماعيل بن ابي القاسم الخازن في جميع تركته وما يخلفه بعده وفي قضاء ديونه واقتضاء ديونه وانفاذ وصاياه وذكره في ذلك بتقوى الله وايثار طاعته وحذره ان يبدل شيئاً من ذلك اويغيّره وقد قال الله تعالى فَمَنْ بَدَّلَهُ بَعْدَ مَا سَمِعَهُ فَأَنَّمَا إِثْمُهُ عَلَى ٱلَّذِينَ يُبَدِّلُونَهُ إِنَّ ٱللهُ سَمِيعٌ عَلِيمٌ.

وكتب هذه الوصية موصيها الحسن بن احمد بن الحسن بن احمد بن محمد ابن العطار في يوم الثلاثاء السابع من ذي الحجة سنة احدى وعشرين وخمسمائة . قال وحدثني من شهد قبض روح الشيخ رضي الله عنه قال كنا قعوداً في ذلك الوقت وكنا نحب ان نلقنه كلمة الشهادة رعاية للسنة ومع هذا كنا نخشى من هيبته ونحذر سوء الادب فبقينا متحيّرين حتى

قلنا للرجل من اصحاب الشيخ اقرأ أنت سورة يٓسٓ فرفع الرجل صوته يقرأ السوَرة وكنا ننظر اليه ونراقب حاله فدهش القارئ وأخطأ في القراءة ففتح الشيخ عينه وردّ عليه فسررنا بذلك وحمدنا الله عز وجل ثم جيئ اليـه بقدح فيه شيء من الدواء ووضع القدح على شفته فولى وجهه ورد القدح بفيه وفتح عينه وقال لااله الا الله محمد رسول الله رافعاً بها صوته وفاضت نفسه رحمه الله ورضي عنـه وارضاه وجعل اعلى الجنـان مأواه وكان ذلك قبيـل العشاء الآخرة ليلة الخميس التاسع عشر من جمادى الاولى عام ٥٦٧ ودفن يوم الخميس في مسجده وصلى عليه ابنه الامام ركن الدين شيخ الاسلام أبو عبد الله احمد القائم مقامه وخليفته على اولاده واصحابه واتباعه رحمه الله والـكتاب الذي يشتمل على مناقبه كتاب ضخم جليـل وانمـا كتبت هـذه النبذة ليستدلّ به على فضله ومرتبته رحمة الله عليه والحمدلله رب العالمين وصلى الله على نبيه محمد وآله اجمعين

﴿ الحسن بن اسحاق بن أبي عباد اليمني النحوي ﴾

من وجوه اليمن كان يصحب الفقيه يحي بن أبي الخير وعمه ابراهيم بن أبي عباد نحوي أيضا يذكر في موضعه وصنف الحسن هذا مختصراً في النحو مشهوراً باليمن يقرأه المبتدئون وهو قريب العهد تقارب وفاته سنة ٥٩٠ وهو القائل

لعمرك ما اللحن من شيمتي ولا انا من خطا الحنُ
ولـكنني قد عرفت الانام فخاطبت كلاً بما يحسنُ

﴿ الحسن بن * أسد بن [١] الحسن الفارقى ﴾

ابو نصر شاعر رقيق الحواشي مليح النظم متمكن من القافية كثير التجنيس قلما يخلوله بيت من تصنيع واحسان وبديع كان في ايام نظام الملك والسلطان ملكشاه وشمله منهما الجاه [٢] بعد ان قبض عليه واساء اليه فانه كان مستولياً على آمد واعمالها مستبدًّا باستيفاء اموالها نخلصه الكامل الطبيب [٣] وكان نحوياً رأساً واماماً في اللغة يقتدى وصنف في الآداب تصانيف تقوم له مقام شاهدي عدل بفضله وعِظَم قدره منها كتاب شرح اللمع كبير. كتاب الافصاح في شرح ابيات مشكلة.
حدثني الشيخ الامام موفق الدين ابو البقاء يعيش بن علي بن يعيش النحوي قال حدثني قاضي عسكر نور الدين محمود بن زنكي قالَ قدم على ابن مروان صاحب ديار بكر شاعر من العجم يعرف بالغساني وكان من عادة ابن مروان اذا قدم عليه شاعر يكرمه وينزله ولا يجتمع به الى ثلاثة ايام ليستريح من سفره ويصلح شعره ثم يستدعيه واتفق ان الغساني لم يكن اعدّ شيئاً في سفره ثقةً بقريحته فاقام ثلاثة ايام فلم يفتح عليه بعمل بيت واحد وعلم انه يستدعى ولا يليق ان يلقى الامير بغير مديح فاخذ قصيدة من شعر ابن اسد لم يغير فيها الا اسمه [٤] فغضب

---

(١) ق ـ (٢) في البغية في ايام نظام الملك بعد ان قبض عليه واساء اليه
(٣) كان ابو سالم الطبيب مستولياً على آمد فى ايام ناصر الدولة فلعل الجملة « نخلصه الكامل الطبيب » موضعها بعد « الجاه » (٤) لعلها سقطت جملة نحو « فسي الى ابن مروان بان القصيدة لابن اسد »

من ذلك وقال يجيء هذا العجمي فيسخر منا ثم امر بمكاتبة ابن اسد وامره ان يكتب القصيدة بخطه ويرسلها اليه فخرج بعض الحاضرين فانهى القضية الى الغساني وكان هذا بآمد وكان له (١) غلام جلد فكتب من ساعته الى ابن اسد كتاباً (١) يقول فيه اني قدمت على الامير فارتج عليّ قول الشعر مع قدرتي عليه فادّعيت قصيدة من شعرك استحساناً لها وعجباً بها ومدحت بها الامير ولا ابعد ان تسأل عن ذلك فان سئلت فرأيك الموفق في الجواب فوصل غلام الغساني قبل كتاب ابن مروان فجحد ابن اسد ان يكون عرف هذه القصيدة او وقف على قائلها قبل هذا فلما ورد الجواب على ابن مروان عجب من ذلك واساء الى الساعي وشتمه وقال انما قصدكم فضيحتي بين الملوك وانما يحملكم على هذا الفعل الحسد منكم لمن أحسن اليه ثم زاد في الاحسان الى الغساني وانصرف الى بلاده فلم يمض على ذلك الا مديدة حتى اجتمع اهل ميا فارقين الى ابن اسد ودعوه الى ان يؤمّروه عليهم ويساعدوه على العصيان واقامة الخطبة للسلطان ملكشاه وحده واسقاط اسم ابن مروان من الخطبة فاجابهم الى ذلك و بلغ ذلك ابن مروان فحشد له ونزل على ميافارقين محاصراً فاعجزه امرها فانفذ الى نظام الملك والسلطان يستمدهما فانفذا اليه جيشاً ومدداً مع الغساني الشاعر المذكور آنفاً وكان تقدم عند نظام الملك والسلطان وصار من اعيان الدولة وصدقوا في الزحف على المدينة حتى اخذوها عنوة وقبض على ابن اسد وجيء به الى ابن مروان فامر بقتله

(١) ق ـ

فقام الغساني وجرّد العناية في الشفاعة فامتنع ابن مروان امتناعاً شديداً من قبول شفاعته وقال ان ذنبه وما اعتمده من شق العصا يوجب ان يعاقَب عقوبة من عصا وليس عقوبة غير القتل . فقال بيني وبين هذا الرجل ما يوجب قبول شفاعتي فيه وانا اتكفل به الا يجري منه بعدُ شيء يُكرَه . فاستحيي منه واطلقه له فاجتمع به الغساني وقال له اتعرفني قال لا [١] والله ولكني اعرف انك مَلك من ملوك [٢] السماء منّ الله بك عليّ لبقاء مهجتي فقال له انا الذي ادّعيت قصيدتك وسترت عليّ وما جزاء الاحسان الا الاحسان فقال ابن اسد ما رأيت ولا سمعت بقصيدة جحدت فنفعت صاحبها اكثر من نفعها اذا ادّعاها غير هذه فجزاك الله عن مروءتك خيراً . وانصرف الغساني من حيث جاء . واقام ابن اسد مدة ورخت حاله وجفاه اخوانه وعاداه اعوانه ولم يقدم احد على مقارنته ولا مرافدته حتى اضرّ به العيش فعمل قصيدة مدح بها ابن مروان وتوصل حتى وصلت اليه فلما وقف ابن مروان عليها غضب وقال لا [٣] يكفيه ان يخلص منا راساً برأس حتى يريد منا الرفد والمعيشة لقد اذكرني بنفسه فاذهبوا به فاصلبوه فذهبوا به فصلبوه رحمه الله . ومن شعر الحسن بن اسد الفارقي رحمه الله

بنتم فما كحل الثرى [٤] لي بعد وشك البين عينا
ولقد غدا كلفي [٥] بكم اذنا عليّ لكم وعينا (رقيب)
فاسلت [٦] بعد فراقكم من ناظري بالدمع عينا (عين الماء)

(١) ق ــ (٢) يريد ملائكة (٣) ق ــ (٤) لعله الكرى (٥) ق كنفي (٦) ق فاسلمت

فحكت مدامعها الغزا ر من الغيوم الغر عينا (عين السحاب)
جادت على أثر شفا عينا لهم لم تلق عينا (شخص)
من كل واضحة الترا ئب سهلة الخدين عينا (واسعة العين)
غراء تحسب وجهها للشمس حين تراه عينا
امسيت في حي لها عبداً اضام وكنت عينا (سيد)
لا حركت ركب الركا ئب اذ بهن سرين عينا (حو من النوق)
غار الحسود لنا الوصا ل فلا رعاه الله عينا (مصدر)
فذممت حرفاً عاينت عيناي في اولاه عينا (عين الحرف)
كانت تناصفنا وصا في الود لا ورقا عينا (ذهب)
لهفي وقد ابصرت في ميزان ذاك الوصل عينا (نقصان)
كم من اخ فينا وعى ما لم نكن فيه وعينا (سمعنا)
ومصاحب صنفته في عدرايه للعين عينا (١) (كتاب الخليل)

وقال في الشمعة

ونديمة لي في الظلام وحيدة مثلي مجاهدة كمثل جهادي
فاللون لوني والدموع كادمعي والقلب قلبي والسهاد سهادي
لا فرق فيما بيننا لو لم يكن لهبي خفياً وهو منها بادي

وله ايضاً

اريقاً من رضابك ام رحيقا رشفت فلست من سكري مفيقا
وللصهباء اسماء ولكن جهلت بان في الاسماء ريقا

(١) لعله ومصاحف صنفتها اعددتها للعين عينا

حمتني عن حميا الكأس نفس الى غير المعالي لن تتوقا
وما تركي لها شحٌ ولكن طلبت فما وجدت لها صديقا

وله ايضا

واخوان بواطنهم قباح وان كانت ظواهرهم ملاحا
حسبت مياه ودهم عذابا فلما ذقتها كانت ملاحا

وله ايضا

ووقتٍ غنمناه من الدهر مسعدٍ مُعارٍ واوقات السرور عواري
معانيه مما نبتغيه جميعه كواسٍ ومما لا نريد عواري
ادار علينا (١) الكاس فيه ابن اربع وعشر له بالكاس اي مَدار
تناولتها منه بكف كانها اناملها تحت الزجاج مداري

وله ايضا

تيّم قلبي شادن اغيد يملك (٢) فالناس له اعبد
لو جاز ان يُعبد في حسنه وظرفه كنت له اعبدُ

وله ايضا

هويت بديع الحسن للغصن قده وللظبي عيناه وخداه للوردِ
غزال من الغزلان لكن اخافه وان كنت مقداما على الاسد الوردِ

وله ايضا

ولرب دانٍ منك يكره قربه وتراه وهو عشاء عينك والقذى
فاعرف وخلِ مجرّبا هذا الورى واترك لقاءك ذا كفافاً والق ذا

(١) ق – (٢) ق ملك

وله ايضاً

ايا ليلة زار فيها الحبيب ... اعيدي لنا منك وصلاً وعودي
فاني شهدتك مستمتعا ... به بين رنة ناي وعود
وطيب حديث كزهر الرياض ... تضوّع ما بين مسك وعود
سقتك الرواعد من ليلة ... بها اخضرّ يابس عيشي وعودي
وفي لي بوعد ولا تخلفيـــه اخلاف دهر به لي[(١)] وعودي
فلما تقضيت امرضتني ... فزوري مريضك يوما وعودي

وله ايضا

يا من حكى ثغره الدر النظيم ومن ... تخال اصداغه السود العناقيدا
اعطف على مستهام ضم من اسف ... على هواك وفي حبل العنا قيدا

وله ايضا

بنتم فما لحظ الطرف الولوع بكم ... شيئاً يسرّ به قلبي ولا لمحا
فلو محا فَيض دمع[(٢)] من تكاثره ... انسان عين اذاً انسانه لمحا

وله ايضا

أَيَا كَم اعاني الوجد في كل صاحب ... ولست اراه لي كوجديَ واجدا
اذا كنتُ ذا عدم لحرب مجانب ... وتلقاه لي سلما اذا كنت واجدا
احاول في دهري خليلاً مصافياً ... وهيهات خِلاً صافيا لست واجدا

وله ايضا

بعدت فاما الطرف مني فساهد ... لشوقي واما الطرف منك فراقد

---

(١) صيغة المجهول من لوى (٢) ق دمعي

فسَل عن سهادي انجم الليل انها ستشهد لي يوماً بذاك الفراقد
قطعتك اذ أنت القريب لشقوتي وواصلني قوم اليّ اباعد
فيا اهل ودي ان ابَى وعد قربنا زمانٌ فانتم لي به ان ابَى عِدُوا

ولهُ ايضا

لا يصرف الهمّ الا شدو محسنة او منظر حسن تهواه او قدح
والراح للهمّ انفاها نخذ طرفاً منها ودع امة في شربها قدحوا
بكر تخال اذا ماالمدح[1] خالطها سقاتها انهم زنداً بها قدحوا

وله ايضا

بعدت فقد اضرمت ما بين اضلعي ببعدك ناراً شجو قلبي وقودها
وكلفت نفسي قطع بيداء لوعة تكل بها هوج اظهاري وقودها

وله ايضا

تجلّد على الدهر واصبر بما عليك الاله من الرزق اجرى
ولا يسخطنّك صرف القضاء فتعدم اذ ذاك حظّاً واجرا
فما زال رزق امرئ طالب[2] بعيداً اليه دجى الليل يسرى
توقع اذا ضاق امرٌ عليـــك خيرًا فإن معَ ٱلْعُسْرِ يُسْرًا

وله ايضا

قد كان قلبي صحيحاً كالحمى زمنا فمذ ابحت[3] الهوى منه الحمى مرضا
فكم سخطت على من كان شيمته وقد ابحت له فيك الحمام رضا
يا من اذا فوقت سهماً لواحظه اضحى لها كل قلب قلّب غرضا

---

(١) كذا في الاصل : ولعله المساء (٢) ق طالبا (٣) لعله اباح

انا الذي ان يمت حباً يمت اسفا | وما قضى فيك من اغراضه غرضا
ما ان قضى الله شيئاً في خليقته | اشدّ من زفرات الحب حين قضى
فلا قضى كلف نحبا فاوجعني | ان قيل ان المحبّ المستهام قضا

وله ايضا

تراك يا متلف جسمي ويا | مكثر اعلالي وامراضي
من بعدما اضنيتني ساخط | عليّ في حبك ام راضي

﴿ الحسن بن بشر بن يحيي الآمدي النحوي الكاتب ﴾

ابو القاسم صاحب كتاب الموازنة بين الطائيين كان حسن الفهم جيد الدراية والرواية سريع الادراك رأيت سماعه على كتاب القوافي لابي العباس المبرد وقد سمعه على نفطويه سنة ٣١٣ ثم وجدت خطه على كتاب تبيين قدامة بن جعفر ونقد الشعر وقد الفه لابي الفضل محمد بن الحسين ابن العميد وقد قرأ عليه وكتب خطه في سنة ٣٦٥. وقال ابن النديم في الفهرست الذي الفه في سنة ٣٧٧ : هو من اهل البصرة قريب العهد واحسبه يحيا [(١)] الى الآن ثم وجدت كتاب القوافي للمبرد بخط ابي منصور الجواليقي ذكر في اسناده ان عبد الصمد بن حنيش النحوي قرأه على ابي القاسم الآمدي في سنة ٣٧١ وفي تاريخ هلال بن المحسن في هذه السنة يعني في سنة سبعين مات الحسن بن بشر الآمدي بالبصرة. وقال ابو القاسم المحسن التنوخي [(٢)] حدثني ابو القاسم الحسن بن بشر الآمدي كاتب القضاة من بني عبد الواحد بالبصرة وله شعر حسن

---

(١) في الفهرست (١٥٥) حيا (٢) في نشوار المحاضرة

واتساع تامّ في الادب ودراية وحفظ وكتب مصنفة . قال حدثني ابو اسحاق الزجاج قال كنا ليلة بحضرة القاسم بن عبيد الله نشرب [١] وهو وزير فغنت بدعة جارية عريب

ادلّ فاكرم به من مدلّ ومن ظالم لدمي مستحلّ
اذا ما تعزز قابلته بذل وذلك جهد المقلّ
واسلمت خدي له خاضعاً ولولا ملاحته لم اذلّ [٢]

فادّت فيه صنعة حسنة جدًّا فطرب القاسم عليه طرباً شديداً واستحسن الصنعة جدًّا والشعر فافرط فقالت بدعة يا مولاي ان لهذا [٣] الشعر خبراً حسناً احسن منه قال وما هو قالت هو لابي حازم القاضي قال فعجبنا من ذلك مع شدة تقشف القاضي ابي حازم وورعه وتقبضه فقال لي [٤] الوزير بالله يا ابا اسحاق اركب [٥] الى ابي حازم واساله عن هذا الشعر وسببه فباكرته وجلست حتى خلا وجهه ولم يبق الا رجل بزي القضاة عليه قلنسوة فقلت بيننا شيء اقوله على خلوة فقال ليس هذا ممن اكتمه شيئاً فقصصت عليه الخبر وسألت عن الشعر والخبر فتبسم ثم قال هذا شيء كان في الحداثة قلته في والدة هذا (واومأ الى القاضي الجالس واذا هو ابنه) وكنت اليها مائلاً وكانت لي مملوكة ولقلبي مالكة فاما الآن فلا عهدَ لي بمثله منذ سنين ولا عملت شعراً منذ دهر طويل وانا استغفر الله مما مضى . قال فوجم الفتى حتى ارفضّ عرقا وعدت الى القاسم فاخبرته فضحك

(١) النشوار – (٢) هذا البيت مزيد على ما في النشوار (٣) ق هذا (٤) ق –
(٥) النشوار « بكر »

من خجل الابن وقال لو سلم من العشق أحد لكان ابو حازم مع بغضه[١] وكنا نتعاود ذلك زماناً . قال المؤلف كان هـذا الخبر بترجمة ابي اسحاق الزجاج احرى الا ان في اوله من ايضاح حال الآمدي ما ساق باقي الحديث . قال ابو علي كان قد ولي القضاء بالبصرة في سنة نيف وخمسين وثلاثمائة رجل لم يكن عنـدهم بمنزلة من صرف به لانه ولي صارفاً لابي الحسن محمد بن عبـد الواحد الهـاشمي فقال فيه ابو القاسم الحسن بن بشر الآمدي كاتب القاضيين ابي القاسم جعفر وابي الحسن محمد بن عبد الواحد

رأيت قلنسوة تستغيث ... من فوق رأس تنادي خذوني
وقد قلعت وهي طوراً تميل ... من عن يسار ومن عن يمين
فطوراً تراها فويق[٢] القفا ... وطوراً تراها فويق الجبين
فقلت لهـا اي شيء دهاك ... فردت بقول كئيب حزين
دهاني ان لست في قالبي ... واخشى من الناس ان يبصروني
وان يعبثوا بمزاح معي ... وان فعلوا ذاك بي فظعوني
فقلت لهـا مرّ من تعرفين ... من المنكرين لهذي الشؤون
ومن كان يصفع في الدين لا ... يمل ويشتدّ في غير لين
وبلّح ملاك كيل التما ... م اما على صحة او جنون
ففارقهـا ذلك الانزعاج ... وعادت الى حالهـا في السكون

وحدث ابن نصر قال حدثت يوماً ابا الفرج الببغا الشاعر ان ابا الفرج

(١) النشوار : ق ـ (٢) ق فوق

منصور بن بشر النصراني الكاتب وكان منقطعاً الى أبي العباس بن ماسرجس فانفذه مرةً الى ابي عمر اسماعيل بن احمد عامل البصرة في بعض حاجاته فعاد من عنده مغضباً لأنه لم يستوف له القيام عند دخوله واراد ابو العباس انفاذه بعد ايام فابى وقال لو اعطيتني زورق ابن الخواستيني مملوءا كيميا كل مثقال منه اذا وضع على الف مثقال صفراً صار ذهباً ابريزاً ما مضيت اليه فامسك عنه مغيظا. وهذا زورق معروف بالبصرة وحمله ثلاثمائة الف رطل وقد رأيت دواتي ابي العباس سهل بن بشر وقد حكي له ان[1] ابن علان قاضي القضاة بالاهواز ذكر انه رأى قبجة وزنها عشرة ارطال فقال هذا محال فقيل له تردّ قول ابن علان قال فان قال ابن علان انّ على شاطئ جيحون نخلا يحمل غضار صيني مجزع بسواد اقبلُ وقلت لابي الفرج وللناس عادات في المبالغات وهذا من اعجبها. فقال لي كان الآمدي النحوي صاحب كتاب الموازنة يدّعي هذه المبالغات على ابي تمام ويجعلها استطراداً لعيبه اذا ضاق عليه المجال في ذمه واورد في كتابه قوله من قصيدته التي اولها

من سجايا الطلول الا تجيبا

خضبت خدها الى لؤلؤ العقد دماً ان رأت شواتي خضيبا

كل داء يرجى الدواء له الا الفظيعتين ميتة ومشيبا

ثم قال هذه من مبالغاته المسرفة[2] ثم قال ابو الفرج هذه والله المبالغة التي يبلغ بها السماء. وله من الكتب: كتاب المختلف والمؤتلف فى اسماء

(١) ق ــ (٢) لم اقف على هذا الانتقاد في كتاب الموازنة

الشعراء . كتاب نثر المنظوم . كتاب الموازنة بين ابي تمام والبحتري . كتاب في ان الشاعرين لا يتفق خواطرهما . كتاب ما في عيار الشعر لابن طباطبا من الخطأ . كتاب فرق ما بين الخاصّ والمشترك من معاني الشعر . كتاب تفضيل شعر امرئ القيس على الجاهليين . كتاب في شدة حاجة الانسان الى ان يعرف نفسه . كتاب تبيين غلط قدامة ابن جعفر في كتاب نقد الشعر . كتاب معاني شعر البحتري . كتاب الرد على ابن عمار فيما خطأ فيه ابا تمام . كتاب فعلت وافعلت غاية لم يصنف مثله . كتاب الحروف من الاصول في الاضداد رأيته بخطه في نحو مائة ورقة (١) كتاب ديوان شعره نحو مائة ورقة . وقرأت في كتاب الفه احد بني عبد الرحيم الوزراء الذين مدحهم مهيار وغيره ولم يذكر اسمه : قال اخبرني القاضي ابو القاسم التنوخي عن ابيه ابي علي المحسن ان مولد ابي القاسم الحسن بن بشر الآمدي بالبصرة وانه قدم بغداد يحمل عن الاخفش والحامض والزجاج وابن دريد وابن السراج وغيرهم اللغة والنحو وروى الاخبار في آخر عمره بالبصرة اليه (٢) وكان يكتب بمدينة السلام لابي جعفر هارون بن محمد الضبي خليفة احمد بن هلال صاحب عمان بحضرة المقتدر بالله ووزارته ولغيره من بعده وكتب بالبصرة لابي الحسن احمد وابي احمد طلحة بن الحسن بن المثنى وبعدهما لقاضي البلد ابي جعفر بن عبد الواحد الهاشمي على الوقوف التى تليها القضاة ويُحْضَرُ به في مجلس حكمه ثم لاخيه ابي الحسن محمد بن عبد الواحد

---

(١) ق تحويل (٢) لعله « قال »

لما ولي قضاء البصرة ثم لزم بيته الى ان مات وكان كثير الشعر حسن الطبع جيد الصنعة مشتهراً بالشبهات.[١] ولابي القاسم تصانيف كثيرة جيدة مرغوب فيها منها كتاب الموازنة بين البحتري وابي تمام في عشرة اجزاء وهو كتاب حسن وان كان قد عيب عليه في مواضع منه ونسب الى الميل مع البحتري فيما اورده والتعصب على ابي تمام فيما ذكره والناس بعدُ فيه على فريقين فرقة قالت برأيه حسب رأيهم في البحتري وغلبة حبّهم لشعره وطائفة اسرفت في التقبيح لتعصبه فانه جدّ واجتهد في طمس محاسن ابي تمام وتزيين مرذول البحتري ولعمري ان الامر كذلك وحسبك انه بلغ فى كتابه الى قول ابي تمام

* اصم بك الناعي وان كان اسمعا * وشرع في اقامة البراهين على تزييف هذا الجوهر الثمين فتارة يقول هو مسروق[٢] وتارة يقول هو مرذول ولا يحتاج المصنف[٣] الى أكثر من ذلك الى غير ذلك من تعصباته ولو انصف وقال في كل واحد بقدر فضائله لكان فى محاسن البحتري كفاية عن التعصب بالوضع من ابي تمام . وله ايضا كتاب الخاص والمشترك تكلم فيه على الالفاظ والمعاني التي تشترك العرب فيها ولا ينسب مستعملها الى السرقة وان كان سبِق اليها و بين الخاص الذي ابتدعه الشعراء وتفردوا به ومن اتبعهم وما اقصر في ايضاح ذلك وتحقيقه الى غير ذلك من تصانيفه التي ذكرنا منها ما قدرنا عليه فيما تقدم . ومن شعره

(١) لعله بالشبيهات (٢) في كتاب الموازنة ص ٤٣ (٣) لعله المنصف

واواحدا بان في الزمان ممن يجاريه او يداني
دعني من نائل جزيل يعجز عن شكره لساني
فلست والله مستميحاً ولا اخا طمع تراني
وهب اذا كنت لي وهوباً من بعض اخلاقك الحسان

وقال في ابي محمد المافروخي وكان عالماً فاضلاً لا يجارى لكنه كان تمتاماً

لا تنظرن الى تتعتعه اذا رام الكلام ولفظه الممتاص
وانظر الى الحكم التي ياتي بها تشفيك عند تطلق وخلاص
فالدر ليس يناله غوّاصه حتى تقطع انفس الغوّاص

وفي النشوار : حدثني ابو القاسم الحسن بن بشر الآمدي قال : قال ابو احمد طلحة بن الحسين بن المثنى وقد تجارينا على خلوة للحديث مما كان بينه وبين ابي القاسم البريدي وتدبر كل واحد منهما على صاحبه في القبض عليه واشرت عليه بان يهرب ولا يقيم وانه لا يجب ان يغير[1] فقال لست افكر في هذا الرجل لامور كثيرة منها رؤيا رأيتها منذ ليالٍ كثيرة فقلت ما هي فقال رأيت ثعباناً عظيماً قد خرج من هذا الحائط واومأ بيده الى حائط في مجلسه وهو يريدني فطلبته فأتيته في الحائط فتأولت ذلك ان الثعبان البريدي واني اغلبه . قال فحين قال « فأتيته في الحائط » سبق الى قلبي ان البريدي هو الثابت وان الحائط حياطة له دون ابي احمد فاردت ان اقول له ان الخبر مستفيض لما كان عبد الملك رأى في منامه كأنه وابن الزبير اصطرعا في صعيد من الارض فطرح ابن الزبير

(١) لعله سقط « زيه »

عبد الملك تحته على الارض واوتده باربعة اوتاد فيها وانه انفذ راكباً الى البصرة حتى لقي ابن سيرين فقصّ عليه الرؤيا كانها له وكتم ابن الزبير[١] فقال له ابن سيرين هذه الرؤيا ليست رؤياك فلا افسرها لك فألحّ عليه فقال له هذه الرؤيا يجب ان تكون لعبد الملك فان صدقتني فسرتها لك فقال هو كما وقع لك فقال قل له ان صحت رؤياك هذه فستغلب ابن الزبير على الارض ويملك الارض من صلبك اربعة ملوك فمضى الرجل الى عبد الملك فاخبره فعجب من فطنة ابن سيرين فقال ارجع اليه فقل له من اين قلت ذلك فرجع الرجل اليه فقال له ان الغالب في النوم هو المغلوب وتمكنه[٢] على الارض غلبته عليها والاوتاد الاربعة التي اوتدها في الارض هم ملوك يتمكنون من الارض كما تمكنت الاوتاد قال ابو القاسم الآمدي فاردت ان اقول لابي احمد هذا وما وقع لي من القياس عليه في تفسير رؤياه فكرهت ذلك لانه كان يكون سوء ادب وقباحة عشرة وتعباً لنفسه فما مضت الايام حتى قبض البريدي عليه وكان من امره ما كان

﴿ ابو الحسن البوراني ﴾

معتزلي نحوي ذكره المقدر[٣] عند ذكره لجماعة من المعتزلة النحويين فقال وابو الحسن البوراني وناهيك تدقيقاً في مسائل الكتاب وكان في ايام ابي علي الفارسي وطبقته

---

(١) لعله عبد الملك (٢) كذا بالاصل (٣) اظنه ابا منصور المقدر الاصبهاني

﴿ الحسن بن الحسين بن عبيد الله بن عبد الرحمن ﴾

ابن العلاء بن ابي صفرة المعروف بالسكري ابو سعيد النحوي اللغوي الراوية الثقة المكثر مات في سنة ٢٧٥ ومولده في سنة ٢١٢ سمع يحيي بن معين وابا حاتم السجستاني والعباس بن الفرج الرياشي ومحمد بن حبيب والحارث بن ابي اسامة واحمد بن الحارث الخزاز وخلقاً سواهم واخذ عنه محمد بن عبد الملك التاريخي . وكان ثقة صادقاً يقرئ القرآن وانتشر عنه من كتب الادب مالم ينتشر عن احد من نظرائه وكان اذا جمع جمعاً فهو الغاية في الاستيعاب والكثرة . حدث ابو الكرم خميس بن علي الحوزي النحوي الحافظ الواسطي في اماليه (وله في هذا الكتاب باب) قال قدم ابو سعيد الحسن بن الحسين السكري بغداد فحضر مجلس ابي زكريا الفراء وهو يومئذ شيخ الناس بها فاملى الفراء باباً في التصغير قال فيه العرب تقول هو الهن وتصغيره الهنَيُّ وتثنيته في الرفع [1] الهُنَيَّان وفي النصب والجر الهُنَيَّيْن وانشد عليه قول الفتال الكلابي

يا قاتل الله صلعانا [2] تجيء بهم ام الهنين من زندٍ لها واري

فامسك ابو سعيد حتى اذا [3] انقضى المجلس ولم يبق فيه احد سوى الفرآء تقدم ابو سعيد حتى جلس بين يديه وقال له اكرمك الله انا رجل غريب وقد مرّ شيء اتأذن لي في ذكره فقال اذكره فقال انك قلت هو الهن وتثنيته في الرفع الهنيان وفي النصب والجر الهنيين وهذا جميعه كما قلت ثم انشدت قول الكلابي

---

(١) ق ـ (٢) في تاج العروس صبيانا (٣) ق ـ

يا قاتل الله صلعاناً تجيءُ بهم ام الهنين من زندٍ لها واري

وليس هكذا انشدناه اشياخنا قال الفرآء ومن اشياخك قال ابو عبيدة وابو زيد والاصمعي قال الفرآء وكيف انشده اشياخك قال فزعموا ان الهنبر بوزن الخنصر ولد الضبع وان القتال قال

يا قاتل الله صلعانا تجيءُ بهم ام الهنيبر من زند لها واري

على التصغير. ففكر الفرآء ساعةً وقال احسن الله عن الافادة بحسن[1] الادب جزاءك . قال المؤلف ياقوت بن عبد الله هكذا وجدت هذا الخبر في امالي الحوزي وهو ما علمت من الحفاظ الا انه غلط فيه من وجوه وذلك ان السكري لم يلق الاصمعي ولا ابا عبيدة ولا ابا زيد وانما روى عمن روى عنهم كابن حبيب وابن ابي اسامة والخزاز وطبقتهم ثم ان السكري ولد في سنة ٢١٢ وابو عبيدة مات سنة ٢١٩ وابو زيد مات سنة ٢١٥ والاصمعي مات في سنة ٢١٣ او ٢١٥ فمتى قرأ عليهم وهذه الجماعة المذكورة هم في طبقة الفرآء لان الفرآء مات في سنة ٢٠٧ ولعل هذه الحكاية عن غير السكري واوردها خميس عنه سهواً واوردتها أنا كما وجدتها . وللسكري من الكتب على ما ذكره محمد بن اسحق النديم كتاب اشعار هذيل . كتاب النقائض . كتاب النبات. كتاب الوحوش جوّد في تصنيفه . كتاب المناهل والقرى . كتاب الابيات السائرة . وعمل اشعار جماعة من الشعراء[2] منهم امرؤ القيس . النابغة الذبياني . النابغة الجعدي . زهير . الحطيئة . لبيد . تميم بن ابي مقبل . دريد بن الصمة .

---

(١) ق حسن (٢) قد ترك المصنف كثيراً مما ذكره صاحب الفهرست

الاعشى . مهلهل . متمم بن نويرة . اعشى باهلة . الزبرقان بن بدر . بشر ابن ابي حازم . المتلمس . الراعي . الشماخ . الكميت . ذو الرمة. الفرزدق. ولم يعمل شعر جرير وعمل شعر ابي نواس وتكلم على معانيه وغريبه في نحو الف ورقة ولم يتم وانما عمل مقدار ثلثيه . قال محمد بن اسحاق النديم ورأيته بخط الحلواني وكان الحلواني قريب ابي سعيد السكري. وعمل شعر قيس بن الخطيم وهدبة بن خشرم وابن احمر العقيلي والاخطل وغير هؤلاء. واما اشعار القبائل فانه عمل منهم : اشعار بني هذيل . اشعار بني شيبان . اشعار بني ربيعة . اشعار بني يربوع . اشعار بني طيء . اشعار بني كنانة . اشعار بني ضبة . اشعار بجيلة. اشعار بني القين (١) . اشعار بني يشكر . اشعار بني حنيفة . اشعار بني محارب . اشعار الازد . اشعار بني نهشل . اشعار بني عدي . اشعار بني اشجع . اشعار بني نمير (٢) . اشعار بني عبد ود . اشعار بني مخزوم . اشعار بني سعد (٣) . اشعار بني الحارث . اشعار الضباب . اشعار فهم وعدوان . اشعار مزينة . وحدث الصولي قال كنت عند احمد بن يحيي ثعلب فنعي اليه السكري فتمثل

المرء يخلق وحده ويموت يوم يموت وحده
والناس بعدك ان هلكـــت فمن رأيت الناس بعده

﴿ الحسن بن الظئر ﴾

ابو علي الفارسي المعروف بالظهير كان فقيهاً لغوياً نحوياً مات بالقاهرة من الديار المصرية في شهور سنة ٥٩٨ حدثني بجميع ما اورده عنه ههنا من

(١) الفهرست الفند (٢) الفهرست تميم (٣) الفهرست اسد

خبره ووفاته تلميذه الشريف ابو جعفر محمد بن عبدالعزيز الادريسي الحسني الصعيدي بالقاهرة في سنة ٦١٢ قال كان الظهير يكتب على كتبه في فتاويه الحسن النعماني فسألته عن هذه النسبة فقال انا نعماني انا من ولد النعمان بن المنذر ومولدي بقرية تعرف بالنعمانية ومنها ارتحلت الى شيراز فتفهمت (١) بها فقيل لي الفارسي وانتحلُ مذهب النعمان وانتصر له فيما وافق اجتهادي . وكان عالماً بفنون من العلم كان قارئاً بالعشر والشواذّ عالماً بتفسير القرآن وناسخه ومنسوخه والفقه والخلاف والكلام والمنطق والحساب والهيئة والطب مبرزا في اللغة والنحو والعروض والقوافي ورواية اشعار العرب وايامها واخبار الملوك من العرب والعجم وكان يحفظ في كل فن من هذه العلوم كتابا فكان يحفظ في علم التفسير كتاب لباب التفسير لتاج القراء ،في الفقه كتاب الوجيز للغزالي وفي فقه ابي حنيفة كتاب الجامع الصغير لمحمد بن الحسن الشيباني نظم النسفي وفي الكلام كتاب نهاية الاقدام للشهرستاني وفي اللغة كتاب الجمهرة لابن دريد كان يسردها كما يسرد القارئ الفاتحة . وقال لي كنت اكتب الواحاً وادرسها كما ادرس القرآن فحفظتها في مدة اربع عشرة سنة وكان يحفظ فى النحو كتاب الايضاح لابي علي وعروض الصاحب بن عباد وكان يحفظ فى المنطق ارجوزة ابي علي بن سينا وكان قيّماً بمعرفة قانون الطب له وكان عارفاً باللغة العبرانية ويناظر اهلها بها حتى لقد سمعت بعض رؤساء اليهود يقول له لو حلفتُ ان سيدنا كان حبراً من احبار

(١) لعله فتفقهت

اليهود لحلفتُ فانه لا يعرف هذه النصوص بالعبرانية الا من تدرب بهذه اللغة. وكان الغالب عليه علم الادب حتى لقد رأيت الشيخ ابا الفتح عثمان بن عيسى النحوي البلطي وهو شيخ الناس يومئذ بالديار المصرية يسأله سؤال المستفيد عن حروف من حواشي [١] اللغة وساله يوماً بحضري عمّا وقع في الفاظ العرب على مثال شقحطب فقال هذا يسمى في كلام العرب المنحوت ومعناه ان الكلمة منحوتة من كلمتين كما ينحت النجار خشبتين ويجعلها واحداً فشقحطب منحوت من شق وحطب فسأله البلطي ان يثبت له ما وقع من هذا المثال اليه ليعوّل في معرفتها عليه فاملاها عليه في نحو عشرين ورقة من حفظه وسماها كتاب تنبيه البارعين على المنحوت من كلام العرب [٢] . قال ورأيت السعيد ابا القاسم هبة الله بن الرشيد جعفر بن سناء الملك يسأله على وجه الامتحان عن كلمات من غريب كلام العرب وهو يجيب عنها بشواردها . وكان القاضي الفاضل عبد الرحيم بن البيساني قد وضعه على ذلك . قال وحدثني عن نفسه قال لما دخلت خوزستان لقيت بها المجير البغدادي تلميذ الشهرستاني وكان مبرزاً في علوم النظر فاحبّ صاحب خوزستان ان يجمع بيننا للمناظرة في مجلسه وبلغني ذلك فاشفقت من الانقطاع لمعرفتي بوفور بضاعة المجير من علم الكلام وعرفت ان بضاعته من اللغة نزرة فلما جلسنا للمناظرة والمجلس غاصّ بالعلماء فقلت له تعرض الكلام

---

(١) لعله حوشي (٢) اورد السيوطي هـذه الجملة في مزهره (١:٢٣٣) وذكر انه لم يقف على الكتاب

اذاً افرأيت الطلة الى قرينها فارها في وبصان او الجساد اذا تاشب بى [١]
المغيث فاحتاج الى ان يستفسر ما قلت فشنعت عليه وقلت انظر الى
المدعي رتبة الامامة يجهل لغة العرب التي بها نزل كلام رب العالمين
وجاء حديث سيد المرسلين والمناظرة انما اشتقّت من النظير وليس
هذا بنظيري لجهله باحد العلوم التي يلزم المجتهد القيام بها وكثر [٢]
لغط اهل المجلس وانقسموا فريقين فرقة لي وفرقة عليّ وانفكّ المجلس
على ذلك وشاع في الناس اني قطعته . وكان الظهير قد اقام بالقدس مدة
فاجتاز به الملك العزيز عثمان بن صلاح الدين يوسف فرآه عند الصخرة
يدرس فسأل عنه فعُرّف منزلته من العلم فاحضره عنده ورغّبه في المصير
معه ليقمع به شهاب الدين ابا الفتح الطوسي لشيء نقمه عليه فورد
معه الى القاهرة واجرى عليه كل شهر ستين ديناراً ومائة رطل خبزاً
وخروفا وشمعة كل يوم ومال اليه الناس من الجند وغيرهم من العلماء وصار
له سوق قائم الى ان قرر العزيز المناظرة بينه وبين الطوسي في غد عيد
وعزم الظهير ان يسلك مع الطوسي وقت المناظرة طريق المجير من
المغالطة لان الطوسي كان قليل المحفوظ الا انه كان جريئاً مقداماً شديد
المعارضة واتفق ان ركب العزيز يوم العيد وركب معه الظهير والطوسي
فقال الظهير للعزيز فى أثناء الكلام انت يامولانا من اهل الجنة فوجد
الطوسي السبيل الى مقتله فقال وما يدريك انه من اهل الجنة وكيف
تزكي على الله تعالى فقال له الظهير قد زكى رسول الله صلى الله عليه

(١) لعله في (٢) ق واكثر

وسلم اصحابه فقال ابو بكر في الجنة وعمر فى الجنة فقال له ابيت يا مسكين الا جهلاً ما تفرق بين التزكية عن الله والتزكية على الله وانت من اخبرك ان هذا من اهل الجنة ما انت الا كما زعموا ان فأرة وقعت فى دن خمر فشربت فسكرت فقالت اين القطاط فلاح لها هرّ فقالت لا تواخذ السكارى بما يقولون وانت شربت من خمر دن نعمة هذا الملك فسكرت فصرت تقول خاليا اين العلماء فابلس (١) ولم يجد جواباً وانصرف وقد انكسرت حرمته عند العزيز وشاعت هذه الحكاية بين العوامّ وصارت تحكى في الاسواق والمحافل فكان مآل امره ان انضوى الى المدرسة (٢) التي انشأها الامير تركون الاسدي يدرس بها مذهب ابي حنيفة الى ان مات وكان قد املا كتاباً فى تفسير القرآن وصل منه بعد سنين الى تفسير قوله تعالى تِلْكَ الرُّسُلُ فَضَّلْنا بَعْضَهُمْ عَلَىَ بَعْضٍ فى نحو مائتي ورقة ومات ولم يختم تفسير سورة البقرة . وله كتاب فى شرح الصحيحين على ترتيب الحميدي سماه كتاب الحجة اختصره من كتاب الافصاح في تفسير الصحاح للوزير ابن هبيرة وزاد عليه اشياء وقع اختياره عليها . وكتاب فى اختلاف الصحابة والتابعين وفقهاء الانصار ولم يتم . وله خطب وفصول وعظيّة مشحونة بغريب اللغة وحوشيها

﴿ الحسن بن داوود الرقي ﴾

ابو علي لا اعرف من امره الا ما وجدته بخط ابي الحسن علي ابن عبيد الله الشمسي اللغوي حدثنا النيسابوري قال حدثنا ابو الحسن

(١) ق فانكس : والصواب في البغية (٢) ق المدينة : والصواب في البغية .

محمد بن يوسف الناقط قال حدثنا الناقط قال حدثنا القاضي ابو بكر احمد ابن كامل بن خلف بن شجرة قال قال لي ابو احمد محمد بن موسى البردي سمعت من الحسن بن داوود ابي علي الرقي بسر من راى سنة ٢٣٨ كتابه الذي يسميه كتاب الحلي وكان وقت كتبنا عنه قد جاز الثمانين واخرج اليّ ابو احمد الكتاب فاذا هو الكتاب الذي سماه احمد بن يحي فصيح الكلام قال ابو الحسن [١] الناقط قال ابن كامل وكان الحسن بن داوود مؤدّب عبيد الله بن سليمان بن وهب وزير المعتضد

﴿ الحسن بن داوود بن الحسن القرشي ﴾

المعروف بالبقار [٢] المقرئ يكنى ابا علي اموي كوفي قرأ على ابي محمد القاسم بن احمد المعروف بالخياط التميمي المعروف بابن القملي ايضاً عن ابي جعفر محمد بن حبيب الشموني الكوفي عن ابي يوسف يعقوب ابن خليفة الاعشى عن ابي بكر بن عياش عن عاصم قراءة عاصم ومات بالكوفة سنة ٣٥٢ وصنف كتباً منها كتاب قراءة الاعشي . كتاب اللغة في مخارج الحروف واصول النحو . ذكر الحافظ ابو العلاء الهمذاني فى كتاب القراآت العشر له في نسب البقار « الحسن بن داوود بن الحسن بن عون بن منذر بن صبيح القرشي النحوي وكان موصوفاً بحسن القرآءة وطيب النغم جدًا » . وقال ابن النجار في تاريخ الكوفة : ومن تأريخ [٣] رجال عاصم [٤] محمد بن غالب الصيرفي و بينه وبين القملي

---

(١) لعله سقط « قال » (٢) في الفهرست النقاد : وفي البغية النقاش (٣) لعله « خير » او « اشهر » (٤) ق عاصم بن محمد

اختلافات في حروف يسيرة وقرأ عليه جماعة من اهل الكوفة فمنهم ابو علي الحسن بن داوود البقار وكان حاذقاً بالنحو لفاظا بالقرآن صاحب الحان وكان يصلي بالناس تراويح بالجامع بالكوفة وصلى فيه ثلاثاً واربعين سنة وكان احد المجودين

﴿ الحسن بن رشيق القيرواني ﴾

مولى الازد كان شاعراً اديباً نحوياً لغوياً حاذقاً عروضياً كثير التصنيف حسن التأليف وكان بينه وبين ابن شرف الاديب مناقضات ومحاقدات وصنف فى الردّ عليه عدة تصانيف . كان ابوه رشيق رومياً ذكر ذلك هو في الرد على ابن شرف بعد ذكره نسب ابن شرف هو اسم امرأة نائحة ثم قال واما انا فنظر الله في وجهه [(١)] هذا الشيخ اليّ واتم به النعمة عليّ فما ابغي به اباً ولا ارضى [(٢)] بمذهبه مذهباً رضيت به رومياً لادعياً ولا بدعياً . تأدّب ابن رشيق على ابي عبد الله بن جعفر القزاز القيرواني النحوي اللغوي وغيره من اهل القيروان ومات بالقيروان سنة ٤٥٦ عن ست وستين سنة ذكر ابن رشيق هذا نفسه في كتابه الذي صنفه في شعراء عصره ووسمه بالانموذج فقال فى آخره : صاحب الكتاب هو حسن بن رشيق مولى من موالي الازد ولد بالمحمدية سنة ٣٩٠ وتأدّب بها يسيراً وقدم الى الحضرة سنة ٤٠٦ وامتدح سيدنا خلد الله دولته (قال المؤلف يعني المعز بن باديس بن المنصور) سنة عشر بقصيدة [(٣)] اولها

(١) لعله فنضر الله وجه (٢) لعله أبدل (٣) ق قصيدة

ذمّت لعينك اعين الغزلان قمرٌ اقرّ لحسنه القمران
ومشت ولا والله ما حقف النقا مما ارتك ولا قضيب البان
وثن الملاحة غير انّ ديانتي تابى عليّ عبادة الاوثان

منها

يا ابن الاعزّة من اكابر حمير وسلالة الاملاك من قحطان
من كل ابلج واضح بلسانه يضع السيوف مواضع التيجان

قال ومن مدح القصيدة التي دخل بها في جملته ونسب الى خدمته فلزم الديوان واخذ الصلة والحملان

لدن الرماح لما يسقي اسنتها من مهجة القيل او من ثغرة البطل
لو اثمرت من دم الاعداء سمرُ قنا لا و رقت عنده سمر القنا الذبل
اذا توجه في اولى كتائبه لم تفرق العين بين السهل والجبل
فالجيش ينفض حوليه اسنته نفض العقاب جناحيه من البلل
يأتي الامور على رفق وفي دعة عجلان كالفلك الدوار في مهل

قال ومن رثائه

اما لئن صح ما جاء البريد به ليكثرن من الباكين اشياعي
ما زلت افزع من يأس الى طمع حتى ترفع يأسي فوق اطماعي
فاليوم انفق كنز العمر اجمعه لما مضى واحد الدنيا باجماعي

قال ومن هجائه

قالوا رأينا فراتاً ليس يوجعه ما يوجع الناس من هجو اذا قذفا

وله من كتاب سر السرور

معتقة يعلو الحباب متونها فتحسبه فيها [(١)] نثير جمان
رأت من لجين راحة لمديرها فطافت له من عسجد ببنان

ومن غير كتابه له

ومن حسنات الدهر عندِيَ ليلة من العمر لم تترك لايامها ذنبا
خلونا بها ننفي القذا عن عيوننا بلولوءة مملوءة ذهبا سكبا

قال الابيوردي هذا احسن من قول ابن المعتز

كم من عناق لنا ومن قبل مختلسات حذار مرتقب
نقر العصافير وهي خائفة من النواطير يانع الرطب

وله ايضا

قد حملت مني التجار ب كل شيء غير جودي
ابدا اقول لئن كسبـــت لاقبضن يدَيْ شديد
حتى اذا أثريت عد ت الى السماحة من جديد
ان المقام بمثل حا لي لا يتم مع القعود
لا بد لي من رحلة تدني من الامل البعيد

وله ايضا

في الناس من لا يرتجى نفعه الا اذا مُس باضرار
كالعود لا يطمع فى طيبه ان انت لم تمسسه بالنار

---

(١) ق ــ : والصواب في مقدمة العمدة (مصر ١٢٢٥)

ومما اورده ابن رشيق لنفسه في الانموذج

اقول كالمأسور في ليلة   القت على الآفاق كلكالها
يا ليلة الهجر التي ليتها   قطع سيف الهجر اوصالها
مااحسنت حمله[1] ولا اجملت   هذا وليس الحسن الاّ لها

وانشد لنفسه ايضا

احب اخي وان اعرضت عنه   وقلّ على مسامعه كلامي
ولي في وجهه تقطيب راض   كما قطبت في وجه المدام
ورب تجهم[2] من غير بغض   وضغن[2] كامن تحت ابتسام

وله ايضا

من جفاني فانني غير جاف   صلة أو قطيعة في عفاف
ربما هاجر الفتى من يصافيـــه ولاقى بالبشر من لا يصافي

وانشد لنفسه في كتاب فسح اللمح

المرء في فسحة كما علموا   حتى يرى شعره وتأليفهْ
فواحد منهما صفحت له   عنه وجازت له زخاريفهْ
وآخر تجري منه في غرر   ان لم يوافق رضاك تثقيفهْ
وقد بعثنا كيسين ملؤهما   نقد امرئ حاذق وتزييفهْ
فانظروا ما زلت اهل معرفة   يا من لنا علمه ومعروفهْ

---

(١) لعله هذا (٢) في وفيات الاعيان تقطب وبغض

ثم قال في ورقة أخرى تمام الابيات العينية وما وجدتها اعني الابيات التي هذه تمامها

ولو غيرك الموسوم عندي برتبة　　لاعطيت فيه مدعي القوم ما ادعى
فلا تتخالجك الظنون فانها　　مآثم واترك للصنائع موضعا
فوالله ما طولت باللوم فيكم　　لسانا ولا عرضت للذم مسمعا
ولا ملت عنكم بالوداد ولا انطوت　　حبالي ولا ولى ثنائي مودعا
بلى ربما اكرمت نفسي فلم تهن　　واجللتها عن ان تذل وتخضعا
فباينت لا ان العداوة باينت　　وقاطعت لا ان الوفاء تقطعا

وختم كتاب العمدة بهذه الابيات

ان الذي صاغت يدي وفمي　　وجرى لساني فيه او قلمي
مما عنيت بسبك خالصه　　واخترته من جوهر الكلم
لم اهده الا لتكسوه　　ذكراً يجدده (١) على القدم
لسنا نزيدك فضل معرفة　　لكنهن مصايد الكرم
فاقبل هدية من اشدت به　　ونسخت عنه آية العدم
لا تحسن الدنيا ابا حسن　　تأتي بمثلك فائق الهمم (٢)

﴿ الحسن بن أبي الحسن صافي ﴾

أبو نزار النحوي وكان أبوه صافي مولى الحسين الارموي التاجر وكان لا يذكر اسم أبيه الا بكنيته لئلا يعرف انه مولى وهو المعروف

(١) ق تحدده : والصواب في العمدة (٢: ٢٤٣) (٢) ق الكرم : والصواب في العمدة

بملك النحاة قال أبو القاسم علي بن عساكر الحافظ ذكر لي انه ولد ببغداد سنة ٤٨٩ في الجانب الغربي بشارع دار الرقيق ثم انتقل الى الجانب الشرقي الى جوار حرم الخلافة وهناك قرأ العلم وتخرج وسمع الحديث من الشريف أبي طالب الزينبي وقرأ الفقه على احمد وأصول الفقه على أبي الفتح بن برهان والخلاف على اسعد الميهني والنحو على أبي الحسن علي بن أبي زيد الاسترابادي الفصيحي وفتح له الجامع ودرس ثم سافر الى بلاد خراسان وكرمان وغزنه ودخل الى الشام وقدم دمشق ثم خرج منها وعاد اليها واستوطنها الى ان مات بها في تاسع شوال سنة ٥٦٨ ودفن بمقبرة الباب الصغير وكان قد ناهز الثمانين وكان صحيح الاعتقاد كريم النفس ذكر لي اسماء مصنفاته: كتاب الحادي في النحو مجلدتان. كتاب العمد في النحو مجلدة وهو كتاب نفيس. كتاب المقتصد في التصريف مجلدة ضخمة. كتاب اسلوب الحق في تعليل القرآت العشر وشيء من الشواذ مجلدتان. كتاب التذكرة السفرية [1] انتهت الى اربعمائة كراسة. كتاب العروض مختصر محرر. كتاب في الفقه على مذهب الشافعي سماه الحاكم مجلدتان. كتاب مختصر في أصول الفقه. كتاب مختصر في أصول الدين. كتاب ديوان شعره. كتاب المقامات حذا حذو الحريري. ومن شعره يمدح النبي صلى الله عليه وسلم

يا قاصداً يثرب الفيحاء مرتجياً ان يستجير بعليا خاتم الرسل
خذ عن اخيك مقالاً ان صدعت به مُدِحت في آخر الاعصار والاول

---

(١) في البغية السنجرية ولعله الصواب

قل يا من الفخر موقوف عليه فان　　تذوكر الفخر لم يصدق [١] ولم يمل
صيت اذا طلبت غاياته خرقت　　سبعاً طباقاً فبذّت كل ذي أمل
علوت وازددت حتى عاد مبتدخاً　　جبريل عمّا له قد كان لم يطل
وعدت والكبر قد نافى علاك فما　　عدوت شيمة سبط الخلق مبتهل
اتتك غرّ قوافي المدح خاضعةً　　لديك فاقبل ثناء غير منتحل
ثناء من لم يجد وجناء تحمله　　اليك أو صدّ بالاقتار عن جمل

ومن شعره أيضاً

حنانيك ان جاءتك [٢] يوماً خصائصي　　وها لك أصناف الكلام المسخر
فسل منصفاً عن حالتي غير جائر　　يخبرك ان الفضل للمتأخّر

وقال احمد بن منير يهجو ملك النحاة وكان قد كتب أبو نزار الى بعض القضاة « العاصوي »

أيا ملك النحاة [٣] والحاء من　　تهجيه من تحت قد أعجموها
اتانا قياسك هذا الذي　　تعجم اشياء قد اعربوها
ولما تصنعت في العاصوي　　غدا وجه وجهك فيه وجوها
وقالوا قفا الشيخ إِنَّ ٱلْمُلُوكَ　　إِذَا دَخَلُوا قَرْيَةً أَفْسَدُوهَا

فبلغت ابياته ملك النحاة فاجابه بابيات منها

يابن منير حسبت الهجا　　ء رتبة فخر فبالغت فيها
جمعت القوافي من ذا وذا　　وافسدت اشياء قد اصلحوها

---

(١) كذا بالاصل (٢) ق حادتك : وفي البغية جادتك (٣) لعله النحو

وفي آخرها

فقالوا قفا الشيخ إِنَّ ٱلْمُلُوكَ   إِذَا أَخطَأَتْ سُوقَةٌ أَدَّبُوهَا

قال البلطي كان ملك النحاة قدم الى الشام فهجاه ثلاثة من الشعراء ابن منير والقيسراني والشريف الواسطي واستخف به ابن الصوفي ولم يوفه قدر مدحه فعاد الى الموصل ومدح جمال الدين وجماعة من رؤسائها وقضاتها فلما نبت به الموصل قيل له لو رجعت الى الشام فقال لا ارجع الى الشام الا ان يموت ابن الصوفي وابن منير والقيسراني والشريف الواسطي فقتل الشريف الواسطي ومات ابن منير والقيسراني في مدة سنة ومات الصوفي بعدهم باشهر. وحدثني شيخنا ابو البقاء يعيش بن علي بن يعيش النحوي قال بلغني انه كان لملك النحاة غلام وكان سيء العشرة قليل المبالاة بمولاه ملك النحاة فارسله يوماً في شغل ليتعجل في انجازه فابطأ فيه غاية الابطاء ثم جاء بعذر غير جميل وكان يحضر ملك النحاة جماعة من اصدقائه والتلامذة فغضب ملك النحاة وخرج عن حد الوقار الذي كان يلتزمه ويتوخاه وقال له ويلك اخبرني ما سبب قلة مبالاتك بي واطّراحك لقبول أوامري انكتك قط فبادر الغلام وقال لا والله يا مولاي معاذ الله ان تفعل ذلك بي فانك اجلّ من ذلك قال ويلك فنكتني قط فحرك الغلام رأسه متعجباً من كلامه وسكت فقال له ويلك أدركني بالجواب هذا موضع السكوت لارعاك الله يا ابن الفاعلة عجّل قل ما عندك قل فقال لا والله قال فما السبب في انك لا تقبل قولي ولا تسرع في حاجتي فقال له ان كان سبب الانبساط لا يكون الا هذين فسأعبدك ولا أعود

الى ما تكره ان شاء الله . قال العماد أقام ملك النحاة بالشام في رعاية نور الدين محمود بن زنكي وكان مطبوعاً متناسب الاحوال والافعال يحكم على أهل التمييز بحكم ملكه [١] فيقبل ولا يستثقل [٢] وكان يقول هل سيبويه الا من رعيتي ولو عاش ابن جني لم يسعه الا حمل غاشيتي مر الشيمة حلو الستيمة [٣] يضم يده على المائة والمائتين ويمشي وهو منها صفر اليدين مولع باستعمال الحلاوات السكرية واهدائها الى جيرانه واخوانه مغرى باحسانه الى خلصانه وخلانه . قال العماد اذكره وقد وصلت اليه خلعة مصرية وجائزة سنية فاخرج القميص الدبيقي الى السوق فبلغ دون عشرة دنانير فقال قولوا هذا قميص ملك كبير اهداه الى ملك كبير ليعرف الناس قدره فيجلوا عليه البدر على البدار وليجلّوا قدره في الاقدار ثم قال أنا أحق اذا جهلوا به [٤] اذا جهلوا حقه وتنكبوا فيه سبل الواجب وطرقه . ومن ظريف ما يحكى عن ملك النحاة ان نور الدين محموداً خلع عليه خلعة سنية ونزل ليمضي الى منزله فرأى في طريقه حلقة عظيمة فمال اليها لينظر ما هي فوجد رجلاً قد علّم تيساً له استخراج الخبايا وتعريفه من يقول له من غير اشارة فلما وقف عليه ملك النحاة قال الرجل لذلك التيس في حلقتي رجل عظيم القدر شائع الذكر ملك في زي سوقة اعلم الناس واكرم الناس واجمل الناس فارني اياه فشق ذلك التيس الحلقة وخرج حتى وضع يده على ملك النحاة فلم يتمالك ملك النحاة ان خلع تلك

---

(١) لعله ملك : وفي البغية (٢٢٠) علمه (٢) في البغية يستثقل (٣) لعله حلو الشيمة مرّ الشتيمة (٤) لعله ان يجهل به

الخلعة ووهبها لصاحب التيس فبلغ ذلك نور الدين فعاتبه وقال أستخففت بخلعتنا حتى وهبتها من طرقي فقال يا مولانا عذري في ذلك واضح لان في هذه المدينة زيادة على مائة تيس ما فيهم من عرف قدري الا هذا التيس فجازيته على ذلك فضحك منه نور الدين وسكت . وحكيَ عنه انه كان يستخف بالعلماء فكان اذا ذكر واحد منهم يقول كلب من الكلاب فقال رجل يوماً فلستَ اذاً ملك النحاة انما أنت ملك الكلاب فاشتاط غضباً (١) وقال اخرجوا عني هذا الفضولي . وقال السمعاني دخل ابو نزار بلاد غزنه وكرمان ولقي الاكابر وتلقي مورده بالاكرام ولم يدخل بلاد خراسان وانصرف الى كرمان وخرج منها الى الشام . قال وقرأت فيما كتبه (٢) بواسط ولا ادري عمن سمعته لابي نزار النحوي

اراجع لي عيشيَ الفارط	ام هو عني نازح شاحط
الا وهل يسعفني اوبة	يسموا بها نجم المنى الهابط
ارفل في مرط (٣) ارتياح وهل	يطرق سمعي «هذه (٤) واسط»
يا زمني عد لي فقد رعتني	حتى عراني شيبيَ الواخط
كم أقطع البيداء في ليلة	يقبض ظلي خوفها الباسط
أأرقب الراحة أم لا وهل	يعدل يوماً دهريَ القاسط
أيا ذوي ودي اما اشتقتمُ	الى امام جاشه رابط
وهل عهودي عندكم غضة	أم أنا في ظني اذاً غالط
ليهنكم ما عشتم واسط	اني لكم يا سادتي غابط

(١) البغية : ق ـ (٢) لعله كتبته (٣) ق مرط (٤) ق هذا

وانشد له

الخيش والبرم الكثيرُ   منظوم ذلك والنثيرُ
ودخان عود الهند والـــشمع المكفر والعبير
ورشاش ماء الورد قد   عرِفت به تلك النحور
ومثالث [١] العيدان تســعد جسها بمّ وزير
وتخافق النايات يغــلق بينها الطبل القصير
والشرب بالقدح الصغـــير يحثه القدح الكبير
احظى لديّ من الاباعر   والحداة بها تسير
للعبد ان يلتذّ فـي   دنياه والله الغفور

ومن شعره ايضا

يابن الذين ترفعوا في مجدهم   وعلت اخامصهم فروع شمام
انا عالم مِلك بكسر اللام   فيما أُدعي [٢] لا يفتح اللام

انشدني عفيف الدين ابوعبد الله محمد بن ابي الفضل احمد بن عبد الوهاب بن الزاكي بن ابي الفوارس السلمي الحراني المعروف بابن الصيرفي الدمشقي قال انشدني فتيان بن علي بن فتيان الاسدي النحوي في ملك النحاة وكانت قد عضت يد ملك النحاة سنور فربطها بمنديل عظيم

عتبت على قطّ ملك النحاة   وقلت اتيت بغير الصواب
عضضت يداً خلقت للندى   وبث العلوم وضرب الرقاب
فاعرض عنّي وقال انتك [٣]   اليس القطاط اعادي الكلاب

(١) ق ومالت (٢) ق ادعيه : يريد ان النحو لا ينسب الى الملائكة (٣) لعله اتئد

قال فبلغته الابيات فغضب منها الا انه لم يدر من قائلها ثم بلغه انني قلتها فبلغني ذلك فانقطعت عنه حياء مدة فكتبت اليه شعراً اعتذر اليه فكتب الي

يا خليليّ نلتما النعماء ... وتسنمتما العلى والعلاء
الما بالشاغور والمسجد المعـ ... ـمور واستمطرا به الانواء
وامنحا صاحبي الذي كان فيه ... كل يوم تحية وثناء [١]
ثم قولا له اعتبرنا الذي فهـ ... ـت به مادحاً فكان سماء [٢]
وقبلنا فيه اعتذارك عما ... قاله الجاهلون عنك افتراء

الشاغور محلة بدمشق بالباب الصغير. وقال فتيان بن المعلم الدمشقي رأيت ابا نزار في النوم بعد موته فقلت له ما فعل الله بك [٣] فقال انشدته قصيدة في الجنة مثلها فتعلق بحفظي منها ابيات وهي

يا هذه اقصري عن العذل ... فلست في الحل ويك من قبلي
يا رب ها قد اتيت معترفاً ... بما جنته يداي من زلل
ملآن كف بكل مأثمة ... صفر يد من محاسن العمل
فكيف اخشى ناراً مسعرة ... وانت يا رب في القيامة لي

قال فوالله منذ فرغت من انشادها ما سمعت حسيس النار

﴿ الحسن بن عبد الله المعروف بلغدة ولكذة [٤] ايضاً الاصبهاني ﴾

ابو علي قدم بغداد وكان جيد المعرفة بفنون الادب حسن القيام

---

(١) في معجم البلدان ان فتيان هذا نسبته الشاغوري (٢) كذا بالاصل ولعله هجاء (٣) ق ــ (٤) ق بلغذه لكذه في ايضا (والحرف في مشطوب) : وفي البغية بلكذة بضم اللام وسكون الذال المعجمة (يريد وسكون الكاف وفتح الذال) ويقال لغذة بالغين

بالقياس موفقاً في كلامه وكان اماماً في النحو واللغة وكان في طبقة ابي حنيفة الدينوري مشايخهما سواء وكان بينهما مناقضات . قال حمزة بن حسن الاصبهاني في كتاب اصبهان واقدم علي بن رستم الديميري [١] من سامرا ابراهيم بن غيث البغدادي وكان اصبهانياً فخرج فى صغره الى العراق فبرع فى علم النحو واللغة وهو جد عبد الله بن يعقوب الفقيه وروى عن ابي عبيدة وابي زيد واقدم الخصيب بن اسلم الباهلي صاحب الاصمعي وعن ابي اسحق ابراهيم بن غيث وابي عمر الخرقي وهو أول من قدم اصبهان من اهل الادب واللغة وعن الباهلي صاحب الاصمعي وعن الكرماني صاحب الاخفش اخذ ابو علي لغدة علم اللغة وكان ابو علي يحضر مجلس ابي اسحق ويكتب عنه ثم خالفه وقعد عنه وجعل ينقض عليه ما يمليه . قال حمزة وانبأنا [٢] من تقدم من اهل اللغة من [٣] اصبهان وصار فيها رئيساً يوخذ عنه جماعة منهم ابو علي لغدة وكان رأساً فى اللغة والعلم والشعر والنحو حفظ فى صغره كتب ابي زيد وابي عبيدة والاصمعي ثم تتبع ما فيها فامتحن بها الاعراب الوافدين اصبهان وكانوا يغدون على محمد بن يحيي بن ابان فيضربون خيمهم بفناء داره فى باغ سلم بن عود ويقصدهم ابو علي كل يوم فيلقي عليهم مسائل شكوكة من كتب اللغة وثبت [٤] تلك الاوصاف عن الفاظهم فى الكتاب الذي سماه كتاب النوادر ثم لم يكن له في آخر ايامه نظير له بالعراق . قال

---

(١) كذا بالاصل (٢) لعله وقد تقدم (٣) لعله في (٤) ق وتنبت (*) النجيم يدل على انه لم يرد اسمه في النسخة المطبوعة

وكتاب النوادر هذا كتاب كبير يقوم بازاء كل ما خرج الى الناس من كتب ابي زيد في النوادر . وله من الكتب الصغار كتاب الصفات. كتاب خلق الانسان . كتاب خلق الفرس . وكتب اخر كثيرة من صغار الكتب وله ردود على علماء اللغة وعلى رواة الشعر والشعراء قد جمعناها نحن فى كتاب وانفذناه الى ابي اسحق الزجاج رحمه الله . قال محمد بن اسحق النديم وله من التصانيف كتاب الرد على الشعراء نقضه عليه ابو حنيفة الدينوري . كتاب النطق. كتاب* الرد على ابي عبيد فى غريب الحديث . كتاب علل النحو . كتاب مختصر فى النحو. كتاب الهشاشة والبشاشة . كتاب التسمية . كتاب شرح معاني الباهلي . كتاب نقض علل النحو . كتاب * الرد على ابن قتيبة في غريب الحديث . وافرد [1] حمزة الاصبهاني في كتاب اصبهان اشعاراً للغدة منها

ذهب الرجال المقتدى بفعالهم   والمنكرون لكل امرٍ منكر
وبقيت فى خلف يزيّن بعضهم   بعضاً ليستر معور من معور
ما اقرب الاشياء حين يسوقها   قدر وابعدها اذا لم تقدر
الجد انهض بالفتى من كده   فانهض بجد فى الحوادث او ذر
واذا تعسرت الامور فارجها   وعليك بالامر الذي لم يعسر

ومن شعره ايضا

خير اخوانك المشارك فى المـــرّ   واين الشريك في المرّ اينَا
الذي ان شهدت سرّك في القـــوم   وان غبت كان اذنا وعينَا

---

(١) لعله اورد

مثل تبر العقيان ان مسه النا ... ر جلاه الجلاء فازداد زينا
واخو السوء ان يغب عنك يسبـــك وان يحضر[١] يكن ذاك شينا
جيبه غير ناصح ومناه ... ان يعيب الخليل افكا ومينا
فاصرمنه ولا تلهف عليه ... ان صرما له كنقدك دينا

ومن شعره ايضاً

بذلت لك الصفاء بكل جهدي ... وكنت كما هويت فصرت فزا[٢]
جرحت بمدية فحززت انفي ... وحبل مودتي بيديك حزا
ولم تترك الى صلح مجازا ... ولا فيه لمطلبه مهزا
ستمكث نادماً في العيش مني ... وتعلم ان رأيك كان عجزا
وتذكرني اذا جربت غيري ... وتعلم انني لك كنت كنزا

﴿ الحسن بن عبد الله بن المرزبان السيرافي ﴾

ابو سعيد النحوي القاضي وسيراف بليد على ساحل البحر من فارس رأيته انا وبه أثر عمارة قديمة وجامع حسن الا انه الان الغالب عليه الخراب وكان قد ولي القضاء على بعض الارباع ببغداد ومات رحمه الله يوم الاثنين ثاني رجب سنة ٣٦٨ في خلافة الطائع ودفن في مقابر الخيزران وكان ابوه مجوسياً اسمه بهزاد فسماه ابو سعيد عبد الله وكان ابو سعيد يدرس ببغداد القرآن والقرا آت وعلوم القرآن والنحو واللغة والفقه والفرائض وكان قد قرأ على ابي بكر بن مجاهد القرآن وعلى أبي بكر ابن دريد اللغة ودرسا جميعاً عليه النحو وقرأ على ابي بكر بن السراج وابي

(١) لعله يحضرن (٢) ق خزا

بكر المبرمان النحو وقرأ احدهما عليه القرآن ودرس الآخر عليه الحساب . قال الخطيب وكان رحمه الله زاهداً ورعاً لم ياخذ على الحكم اجراً انما كان يا كل من كتب يمينه فكان لا يخرج الى مجلس الحكم ولا الى مجلس التدريس حتى ينسخ عشر ورقات ياخذ اجرتها عشرة دراهم تكون بقدر مؤونته ثم يخرج الى مجلسه. وصنف كتباً منها شرح كتاب سيبويه . قال ابو حيان التوحيدي رأيت أصحاب ابي علي الفارسي يكثرون الطلب لكتاب شرح سيبويه ويجتهدون في تحصيله فقلت لهم انكم لا تزالون تقعون فيه وتزرون على مؤلّفه فمالكم وله . قالوا نريد ان نردّ عليه ونعرّفه خطأه فيه . قال ابو حيان فحصلوه واستفادوا منه ولم يردّ عليه احد منهم او كما قال ابو حيان فاني لم انقل الفاظ الخبر لعدم الاصل الذي قرأته منه . وكان ابو علي واصحابه كثيري الحسد لابي سعيد وكانوا يفضلون عليه الرماني فحكى ابن جني عن ابي علي ان ابا سعيد قرأ على ابن السراج خمسين ورقة من أول الكتاب ثم انقطع قال ابو علي فلقيته بعد ذلك فعاتبته على انقطاعه فقال لي يجب على الانسان ان يقدم ما هو اهم وهو علم الوقت من اللغة والشعر والسماع من الشيوخ فكان يلزم ابن دريد ومن جرى مجراه من اهل السماع . وقال ابو الفرج علي بن الحسين الاصفهاني صاحب كتاب الاغاني يهجو ابا سعيد السيرافي

لست صدراً ولا قرأت على صد ر ولا علمك البكي بكاف[١]
لعن الله كل شعر ونحو وعروض يجيء من سيراف

---

(١) في وفيات الاعيان بشاف

وذكره محمد بن اسحق النديم فقال [١] قال لي ابو احمد ولد ابي [٢] ابو سعيد بسيراف وفيها ابتدأ بطلب العلم وخرج عنها قبل العشرين ومضى الى عمان فتفقه بها ثم عاد الى سيراف ومضى الى العسكر فاقام بها مدة (قال المؤلف وبها قرأ فيما احسبُ على المبرمان) قال كان فقيهاً على مذهب العراقيين وورد الى بغداد نخلف ابا محمد بن معروف قاضي القضاة على قضاء الجانب الشرقي وكان استاذه في النحو استخلفه [٣] على الجانبين ومولده قبل ال٢٩٠ وله من الكتب : كتاب شرح سيبويه . الفات القطع والوصل . كتاب اخبار النحويين البصريين . كتاب شرح مقصورة ابن دريد . * كتاب الاقناع فى النحو لم يتم فتممه ابنه يوسف وكان يقول وضع ابي النحو في المزابل بالاقناع يريد انه سهله حتى لا يحتاج الى مفسر . كتاب شواهد كتاب سيبويه [٤] . كتاب الوقف والابتداء . كتاب صنعة الشعر والبلاغة * كتاب المدخل الى كتاب سيبويه . كتاب جزيرة العرب [٥] . قرأت بخط ابي حيان التوحيدي في كتابه الذي الفه في تقريظ عمرو بن بحر وقد ذكر جماعة من الائمة كانوا يقدمون الجاحظ ويفضلونه فقال : ومنهم ابو سعيد السيرافي شيخ الشيوخ وامام الائمة معرفة [٦] بالنحو والفقه واللغة والشعر والعروض والقوافي والقرآن والفرائض والحديث والكلام والحساب والهندسة افتى

(١) ص ٦٢ (٢) الفهرست ـ (٣) في الفهرست ثم الجانبين ثم الجانب الشرقي (٤) كل هذا مزيد على ما في الفهرست (٥) مزيد على ما في الفهرست (٦) ق معروفة : والصواب في البغية

في جامع الرصافة خمسين سنة على مذهب ابي حنيفة فما وُجد له خطأ ولا عُثر منه على زلة وقضى ببغداد وشرح كتاب سيبويه في ثلاثة آلاف ورقة بخطه في السليماني (١) فما جراه (٢) فيه احد ولا سبقه الى تمامه انسان هذا مع الثقة والديانة والامانة والرواية صام اربعين سنة وا كثر الدهر كله .قال لنا الاندلسي فارقت بلدي في اقصى الغرب طلباً للعلم وابتغاء مشاهدة العلماء فكنت الى ان دخلت بغداد وتلقيت ابا سعيد وقرأت عليه كتاب سيبويه نادماً سادماً في اغترابي عن اهلي ووطني من غير جدوى في علم او حظ من الدنيا فلما سعدت برؤية هذا علمت ان سعيي قرن بسعدي وغربتي اتصلت ببغيتي وان عنائي لم يذهب هدراً وان رجائي لم ينقطع ياساً . قرأت بخط ابي علي المحسن بن ابراهيم بن هلال الصابئ قرأنا على ابي سعيد الحسن بن عبد الله في كتاب ما يلحن فيه العامة لابي حاتم « هو الشمع مفتوح الشين والميم » فسألناه عما يحكى عن ابي بكر بن دريد انه قال « شمع بكسر الشين » فقال لا يعاج عليه قلنا له فهو صحيح عن ابي دريد فقال نم هو عنه بخطي في كتاب الجمهرة . قال وكان ابو الفتح بن النحوي وابو الحسن الدريدي سألاني عن ذلك فاستعفيت من الاجابة ائلا انسب الى ابي بكر حرفاً اجمع الناس على خلافه . وقال ابو حيان فى كتاب محاضرات العلماء قال : وحضرت مجلس شيخ الدهر وقريع العصر العديم المثل المفقود الشكل ابي سعيد السيرافي وقد اقبل على الحسين بن مردويه الفارسي يشرح له ترجمة المدخل الى كتاب

(١) كانه نوع من القلم (٢) لعله جاراه

سيبويه من تصنيفه فقال له علق عليه واصرف همتك اليه فانك لا تدركه الا بتعب الحواسّ ولا تتصوره الا بالاعتزال عن الناس . فقال ايد الله القاضي انا مؤثر لذلك ولكن اختلال الامر وقصور الحال يحول بيني وبين ما اريده فقال له الك عيال قال لا قال عليك ديون قال دريهمات قال فانت ريّح القلب حسن الحال ناعم البال اشتغل بالدرس والمذاكرة والسؤال والمناظرة واحمد الله تعالى على خفة الحاذ (١) وحسن الحال وانشده

اذا لم يكن للمرء مال ولم يكن ... له طرق يسعى بهن الولائد
وكان له خبز وملح ففيهما ... له بلغة حتى تجيء العوائد
وهل هي الا جوعة ان سددتها ... فكل طعام بين جنبيك واحد

قال وكان يقرأ على ابي سعيد السيرافي الكامل للمبرد فجاءه ابو احمد بن مردك وكان هذا من ساوة واستوطن بغداد وولد بها وكان له قرب ومنزلة من ابي سعيد يوجب حقه ويرعى له فقال أيها الشيخ عندي ابنة بلغت حد التزويج وجماعة من الغرباء والبغداديين يخطبونها فما ترى ممن ازوجها فقال فمن يخاف الله تعالى وأكثرهم تقية وخشية منه فان من يخاف الله ان احبها بالغ فى اكرامها وان لم يحبها تحرج من ظلمها فاستحسنّا ذلك واثبتناه ثم قال لا تنسبوا هذا اليّ انما هذا قول الحسن . قال وشبيه هذه الحكاية ان رجلاً وقف على الحسن فقال علمني ما يقربني الى الله تعالى والى الناس قال اما ما يقربك الى الله فمسئلته واما ما يقربك

(١) ق الحاذق

الى الناس فترك مسئلتهم . وقال وتاخر بعض اصحابه عن مجلسه فى يوم السبت وكان يرعى حق ابيه فيه لانه كان وجيهاً شريفاً فلما كان يوم الاحد قال له ما الذي اخرك فاشار الى شرب الدواء ولاجله تاخر عن المجلس فانشدنا

لنعم اليوم يوم السبت حقا ... لصيد ان اردت بلا افتراء
وفى الاحد البناء فان فيه ... تبدا الله فى خلق السماء
وفى الاثنين ان سافرت حقا ... يكون الاوب فيه بالنماء
وان ترم الحجامة في الثلاثا ... ففي ساعاته درك الشفاء
وان شرب امرؤٌ يوماً دواءً ... فنعم اليوم يوم الاربعاء
ويوم الجمعة التزويج فيه ... ولذّات الرجال مع النساء
وفي يوم الخميس قضاء حاج ... ففيه اذن الله بالقضاء

قال ولما قبل ابن معروف شهادته عاتبه على ذلك بعض (١) المختصين به وقال أيها الشيخ انك امام الوقت وعين الزمان والمنظور اليه والصدر واذا حضرت محفلاً كنت البدر قد اشتهر ذكرك في الاقطار والبلاد وانتشر علمك فى كل محفل وناد والالسنة مقرّة بفضلك فما الذى حملك على الانقياد لابن معروف واختلافك الى مجلسه وصرت تابعاً بعد ان كنت متبوعاً ومؤتمراً بعد ان كنت آمراً وضعت من قدرك وضيعت كثيراً من حرمتك وأنزلت نفسك منزلة غيرك وما فكرت فى عاقبة أمرك ولا شاورت أحداً من صحبك فقال اعلموا ان هذا القاضي سبب (٢)

---

(١) ق ــ (٢) ق مساب

اكتساب ذكر جميل وصيت حسن ومباهاة لاقرانه ومنافسة لاخوانه ومع ذلك له من السلطان منزلة وبلغني انه يستضيئ برأيه ويعدّه من جملة ثقاته وأوليائه وعرض بي وصرح في الامر مرة بعد أخرى وثانية عقب أولى فلم أجب اليه [١] ولم أسلس قيادي له نخفت مع كثرة الخلاف اعتمادي بما استضرّ به وينتفع به غيري واذا اتفق امران فاتباع [٢] ما هو اسلم جانباً وأقل غائلة اولى وقد كان الآن ما كان والكلام فيه ضرب من الهذيان فلما كان بعد هذا بايام ورد عليه من آمد صاحب ابي العباس بن ماهان بكتاب يهنئه فيه بما تلبس به من العدالة وكان الكتاب يشتمل على كلمات وجيزة والفاظ حسنة ومعانٍ منتقاة وكان ابو العباس هذا من اصحاب ابي سعيد وممن لازمه سنين عدة وعلق عنه على ماذكره الشاشي زهاء عشرة الاف ورقة على [٣] شرحه لكتاب سيبويه وغيره درساً ومذاكرةً وكانت له ايضا بضاعة قوية في علم الهيئة وبصر تامّ بمذهب الكوفيين في النحو حتى ما كان يطاق وكان من اصدر الكتاب على يده رجلا كردياً عليه جبة ثقيلة فوقها حاعة [٤] عظيمة قد اضرت به شمس الهواجر ومقاساة السفر وقطع المهامه والمفاوز وكان الشيخ يبيّن لبعض اصحابه الفرق في قوله تعالى مِثل مَا إِنَّكُمْ تَنطِقُونَ والاحتجاج عمن نصبه ورفعه والكردي ما يفهم منه القليل ولا الكثير ثم التفت الى ابي سعيد وقال يا شيخ في اي شيئ أنت وفيماذا تتكلم فقال اتكلم في شيئ لا يعرفه كل احد ولا يتصوره

---

(١) ق يجب (٢) ق فاتبع (٣) لعله من (٤) لعله صناعة

كثيرٌ من الناس قال ففسره لي لعلي افهمه قال لا يكون ذلك ابدا قال انت عالم ومن اقتبس منك علماً لزمك الجواب فقال له عليك بمجلس يجري فيه حديث الفرض والنفل والسنن وظواهر امر الشريعة لتستفيد منه وتنتفع به فاخذ الكردي في المطاولة وايراد الهذيان وما لا محصول له وسكت عنه ابو سعيد وصمت هو أيضاً وجعل ابو سعيد على عادته يبين ويوضح ويتكلم وينثر الدر ولا يهدأ ولا يفتر لسانه ولا يجف ريقه والكردي ملازمه وكأنّه كالمتبرم به والمستثقل لجلوسه وملازمته اياه الى ان قام ومضى . ثم قال ابو سعيد ما ظننت ان ثقيلاً تمكن من احد تمكن هذا منا اليوم وان الم ثقله خلص الي الروح والبدن كما خلص اليّ لقد هممت تارة بضربه فقلت ربما ضربني ايضاً ثم هممت بالقيام فقلت ضرب من الخرق ثم كدت اصيح فقلت نوع من الجنون ثم بقيت ادعو سراً وارغب الى الله تعالى في صرفه فتفضل الله الكريم عليّ بذلك ومع هذه الحالة لم تزل ابيات محمد بن المرزبان تتردد بين لهاتي ولساني فقلنا له وما الابيات فقال

ياشقيق الرصاص والجبل	وقريع الايام في الثقل
ارح حياتي فقد هجمت على	نفسي واشرفت بي الى اجلي
والله لو كنت والداً حدباً	وكنت تحيي الاموات في المثل
وتمزج الثلج في العساس لدى الـ	ـقيظ وعند الشتاء بالعسل
رحلت عن ذاك عند آخره	واخترت ان لا اراك في الرحل
نخذ طريفي وتالدي فاذا	لم يبق شيء نخذ اذاً سملي

وارحل الى الظلمة التي ذكرت من خلف قاف يا شر مرتحل

قال وكان قد ظهر بالعراق رجل من الجراد فاضرّت بالزروع والاثمار وغلت الاسعار واثر في أحوال الناس فحضرنا مجلس ابي سعيد السيرافي وكل منا شكا حاله وذكر خلته وكان فينا رجل مزارع ذكر انه زرع بنواحي النهروان اربعة آلاف جريب ملكاً وضماناً واجارةً رجاء الفائدة وقد اتى عليها الجراد وهلك ذلك الرجل لاجله ثم قال ابو سعيد لا يهولنّك امرها فأنّها جند من جنود الله مأمور بلغنا ان جرادة سقطت بين يدي عبد الله بن عباس فاخذها ونشر جناحها وقال اتعلمون ما هو مكتوب عليها قالوا لا قال مكتوب عليها انا مغلي الاسعار مع تدفق الانهار . واورد في ذكر الجراد ما حيّر الناظرين ثم قال ومن احسن ما وصف به الجراد قول بعض الخطباء حيث يقول ان الله سبحانه خلق خلقاً وسماها جراداً والبسها اجلاداً وجنّدها اجناداً وادمجها ادماجاً وكساها من الوشي ديباجاً وجعل لها ذرية وازواجاً اذا اقبلت خلتها سحاباً او عَجاجاً واذا ادبرت حسبتها قوافل وحجاجاً مزخرفة المقاديم مزبرجة المآخير مزوّقة الاطراف منقطعة الاخفاف منمنمة الحواشي منمقة الغواشي ذات اردية مزعفرة واكسية معصفرة واخفية مخططة معتدلة قامتها مؤتلفة خلقتها مختلفة حليتها موصولة المفاصل مدرجة الحواصل تسعى وتميس وتختال وتطوف وتجتال فتبارك خالقها وتعالى رازقها من غير حاجة منه اليها رحمة منه عليها اوسعها رزقاً واتقنها خلقاً وفتق منها رتقاً ووشح اعراقها والجم اعناقها وطوّقها اطواقها وقسم

معايشها وارزاقها تنظر شزراً من ورائها وترقب النازل من سمائها [١] وتحرس الدائر من حو بائها سلاحها عتيد و بأسها شديد ومضرتها تعديد تدبّ على ست وتطير فسبحان من خلقها خلقاً عجيباً وجعل لها من كل ثمر وشجر نصيباً وجعل لها ادباراً واقبالاً وطلباً واحتيالاً حتى دبت ودرجت وخرجت ودخلت ونزلت وعرجت مع المنظر الانيق والعصب الدقيق والبدن الرقيق هذا خلق الله فَأَرُوني مَا ذَا خَلَقَ الَّذِينَ مِنْ دُونِهِ . ثم قال وماذا تقولون في طير اذا طار بسط واذا دنا من الارض لطع رجلاه كالمنشار وعيناه كالزجاج عينه في جنبه ورجله اطول من قامته الا وهي الجرادة ثم قال واحسن منه : جيدها كجيد البقر ورأسها كرأس الفرس وقرنها كقرن الوعل ورجلها كرجل الجمل و بطنها كبطن الحية تطير باربعة أجنحة وتأكل بلسانها فتبارك الله ما أحسنها وأحسن ما فيها انها طعام ونقل وطاهر حياً وميتاً تجدب أقواما وتخصب آخرين فقلنا له ما معنى قولك « تجدب أقواما وتخصب آخرين » قال انها اذا حلت البوادي [٢] والفيافي ومواضع الرمال فهي خصب لهم وميرة واذا حلت بمأوى الزرع والاشجار فهي تجدب لانها تأتي على الشوك والشجر والرطب واليابس فلا تبقي ولا تذر . قال وقال أيضاً في تضاعيف كلامه خادم الملك لا يتقدم في رضاه بخطوة الا استفاد بها قدمة وحظوة . قال وما رأيت أحداً من المشايخ كان اذكر لحال الشباب وأكثر تأسفاً على ذهابه منه فانه اذا رأى أحداً من أقرانه قد عالجه الشيب تسلى

(١) ق اسمايها (٢) ق للبوادي

به ولم يزل يسأله عن حاله كانت في أيام الشباب وزمن الصبي واذا ذكر بين يديه ما يتعلق بالشيب والشباب بكا وجداً وحنّ وشكا وأنّ وتذكر عهد الشباب وكان كثير ما ينشد مقطعات محمود الوراق في الشيب ويبكي عليها وأنشد يوماً

فان يكن المشيب طرا علينا ... وولى بالبشاشة والشباب
فاني لا اعاقبه بشيء ... يكون عليّ اهون من خضاب
رأيت بان ذاك وذا عذاب ... فينتقم العذاب من العذاب

قال وأنشدنا لمحمود الوراق في الشيب وعيناه تدمعان

ولو ان دار الشيب قرت بصاحب ... على ضيقها لم نبغ داراً بداره
ولكن هذا الشيب للموت رائد ... يخبرنا عنه بقرب مزاره

قال ابو حيان وكان ابو سعيد يفتي على مذهب ابي حنيفة وينصره فجرى حديث تحليل النبيذ عنده فقال له بعض الخراسانيين ايها الشيخ دعنا من حديث ابي حنيفة وقول الشافعي ما ترى انت في شرب النبيذ والقدر الذي لا يسكر ويسكر فقال اما المذهب فمعروف لا عدول عنه واما الذي يقتضيه (١) الرأي ويوجبه العقل ويلزم من حيث الاحتياط والاخذ بالاحسن والاولى فتركه والعدول عنه . فقال له بين لنا عافاك الله فقال اعلم انه لو كان المسكر حلالاً في كتاب الله تعالى وسنة رسوله صلى الله عليه وسلم لكان يجب على العاقل رفضه وتركه بحجة العقل والاستحسان فان شاربه محمول على كل معصية مدفوع الى كل بلية مذموم عند كل

(١) ق يقضيه

ذي عقل مروءة يحيله عن مراتب العقلاء والفضلاء والادباء ويجعله من جملة السفهاء ومع ذلك فيضرّ بالدماغ والعقل والكبد والذهن ويولد القروح في الجوف ويسلب شاربه ثوب الصلاح والمروءة والمهابة حتى يصير بمنزلة المخبط المخريق والمثبج يقول بغير فهم ويأمر بغير علم ويضحك من غير عجب ويبكي من غير سبب ويخضع لعدوه ويصول على وليه ويعطي من لا يستحق العطية ويمنع من يستوجب الصلة ويبذر في الموضع الذي يحتاج فيه ان يمسك ويمسك في الموضع الذي يحتاج فيه ان يبذر يصير حامده ذاماً وافعاله ملاماً عبده لا يوقره واهله لا تقرّبه وولده يهرب منه واخوه يفزع عنه ويتمرغ في قيئه ويتقلب في سلحه ويبول في ثيابه وربما قتل قريبه وشتم نسيبه وطلق امرأته وكسر آلة البيت ولفظ بالخنى وقال كل غليظة وفحش يدعو عليه جاره ويزري به اصحابه عند الله ملوم وعند الناس مذموم وربما يستولي عليه في حال سكره مخايل الهموم فيبكي دماً ويشق جيبه حزناً وينسى القريب ويتذكر البعيد والصبيان يضحكون منه والنسوان يفعلن النوادر عليه ومع ذلك فبعيد من الله قريب من الشيطان قد خالف الرحمن في طاعة الشيطان وتمكن من ناصيته وزين في عينه اتيان الكبائر وركوب الفواحش واستحلال الحرام واضاعة الصلاة والحنث في الايمان سوى ما حل به عند الافاقة من الندامة ويستوجب من عذاب الله يوم القيامة. فقال الرجل والله ان قولك ووصفك له اعلق بالقلب من كل [1] واضح وبرهان

---

(١) سقط ما معناه دليل

لأثر وحجة وأثر وقول وخبر فقال له لولا ذهاب الوقت لا عِوضَ له لاستدللت لكل خصلة ذكرتها ولفظة اوردتها بآية من كتاب الله او خبر مأثور عن رسول الله صلى الله عليه وسلم حتى قلت ان الالفاظ مشتقة من ذاك مستنبطة منه [(١)] ولكن الامر في هذا اظهر واشهر من ان يبيّن ويوضح ولابي حنيفة مسائل لا ارتضيها له وقد خالفه فيها اعيان الصحابة والناقلة لمذهبه ولكن لكل اريب هفوة ولكل جواد كبوة والكلام اذا كثر لا يخلو من الخطأ والقول اذا تتابع لا يعرى من التناقض والله المعين على امر الدنيا والدين . قال ابو حيان قال ابو سعيد دخلت مسجداً بباب الشام يوماً انظر ابا منصور العمدي [(٢)] فرأيت عربياً قد استلقى ومخلاته تحت رأسه وهو يترنم بهذه الابيات بحلق اطيب ما يكون وصوت اندى ما يسمع

سماء الحب تهطل بالصدود ونار الحب تحرق من بعيد
وعين الحب تأتي بالمنايا فتغرسه [(٣)] على قلب عميد •
واول من عشقت عشقت ظبياً له في الصدر قلب من حديد

فقلت له اعد الابيات فقال لي دخلت عليّ وشغلتني عما كنت عليه خلوت بنفسي في هذا المسجد اتمنى اماني دونها خرط القتاد فافسدتها عليّ فحفظت الابيات من قوله وانصرفت وتركته . قال ابو حيان وانشدنا ابو سعيد السيرافي في الشيب

تفكرت في شيب الفتى وشبابه فايقنت ان الحق للشيب واجب

(١) ق منها (٢) لعله العمري (٣) لعله تغرسها

يصاحبني شرخ الشباب فينقضي وشيبي الى حين الممات مصاحب

ثم قال ما رأيت احداً كان احفظ لجوامع الزهد نظماً ونثراً وما ورد في الشيب والشباب من شيخنا ابي سعيد وذاك انه كان ديناً ورعاً تقياً زاهداً عابداً خاشعاً له دأب بالنهار من القراءة والخشوع وورد بالليل من القيام والخضوع صام اربعين سنة الدهر كله . قال وقال لي ابو اسحاق المدائني ما قرأت عليه خبراً ولا شيئاً قط فيه ذكر الموت والقبر والبعث والنشور والحساب والجنة والنار والوعد والوعيد والعقاب والمجازاة والثواب والانذار والاعذار وذم الدنيا وتقلبها باهلها وتغيرها على ابنائها الا وبكا منها وجزع عندها وربما نغص عليه يومه وليلته وامتنع من عادته في الاكل والشرب . وكان ينشدنا ويورد علينا من امثاله ما كنا نستعين به ونستفيد منه ما نجعله حظ يومنا . ورأيته يوماً ينشد ويبكي

حنا الدهر من بعد استقامته ظهري وافضى الى تنغيص عيشته عمري

ودب البلى في كل عضو ومفصل ومن ذا الذي يبقى سليماً على الدهر

قال ووصى يوماً بعض اصحابه وكان يقرأ عليه شرح الفصيح لابن درستويه : كن كما قال الخليل بن احمد اجعل ما في كتبك راس مالك وما في صدرك للنفقة قال وانشدنا

وذي حيلة للشيب ظل يحوطه يقرضه حيناً وحيناً ينتّف

وما لطفت للشيب حيلة عالم من الناس الا حيلة الشيب الطف

قال ابو حيان وشكى ابو الفتح القواس اليه طول عطلته وكساد سوقه ووقوف امره وذهاب ماله ورقة حاله وكثرة ديونه وعياله وتجلف صبيانه

وسوء عشرة اهله معه وقلة رضاهم به ومطالبتهم له بما لا يقوم به وانه يقع ويقوم ويدخل كل مدخل حتى يحصل لنفسه وعياله بعض كفايتهم فقال ثق بالله خالقك وكلْ امرك الى رازقك واقلل من شغبك واجمل في طلبك واعلم انك بمرأى من الله ومسمع قد تكفل برزقك فيأتيك من حيث لا تحتسبه وضمن لك ولعيالك قوتهم فيدرّ من حيث لا ترتقبه وعلى حسب النفقة (١) بالله تكون المعونة وبمقدار عدولك عن الله الى خلقه يكون كل المؤونة . وانشد وذكر انه لبعض المحدثين

يا طالب الرزق ان (٢) الرزق في طلبك ... والرزق يأتي وان اقللت من تعبك
لا يملكنك لا حرص ولا تعب ... فيسلماك ولا تدري الى عطبك
ان يخف اسباب الرزق (٣) عنك فكم ... للرزق من سبب يغنيك عن سببك
بل ان تكن في اعز العز ذا ارب ... فلا يكن زاد من لم تبل من اربك
لا تعرضنّ لزاد لست تملكه ... واقنع بزادك او فاصبر على سغبك
ولست تحمد ان تعزى الى نشب ... اذا عزيت الى بخل على نشبك
هب جاهل القوم غرّته جهالته ... الست ذا ادب فاعمل على ادبك
لا تكلبن على عرض الكرام تعش ... والكلب احسن حالاً منك في كلبك
ولا تعب عرض من في عرضه جرب ... الا وانت نقي العرض من جربك
وانما الناس في الدنيا ذووا رتب ... فانهض الى الرتبة العليا من رتبك (٤)

قال ابو حيان وكان يختلف الى مجلس ابي سعيد علي بن المستنير وكان هذا ابن بنت قطرب وكان ابو سعيد يعرف له تقدّمه على كثير من اصحابه

---

(١) لعله الثقة (٢) لعله ليس (٣) لعله رزق الله (٤) كذا في الاصل

وكان يرجع الى وطأة خلق وحسن عشرة وحلاوة كلام وفقر مدقع وضر ظاهر وحالة سيئة وامر مختل ومعيشة ضيقة وكثرة عيال ومؤونة مع نشاط القلب وثبات النفس وطلاقة الوجه والطرب والارتياح وقرأ يوما على ابي سعيد ديوان المرقش واخذ خطه بذلك وعجل الانصراف من عنده فقال له ابو سعيد اين عزمت قال اذهب لاصلح امر العيال واتمحل واحتال فدعا له بالرزق والسعة والمعونة والكفاية وهو مع ذلك ضاحك السنّ قرير العين فلما انصرف قلنا له هذا الرجل مع ما فيه لا يعرف الحزن في وجهه ولا يشتدّ همه ولا [1] يقدر على دفعه فالتفت بعضهم فقال ايها الشيخ وراءه حال يخفيها عنّا ويطويها منّا قال ما اظن الامر على ذلك لكن الرجل عاقل والعاقل يعلو عليه همه وحزنه فيقهرهما بعقله وعلمه والجاهل يشتدّ همه وحزنه ويرى ذلك في وجهه ولا يقدر على دفعه لجهله فاستحسنا ذلك واثبتناه . قال في كتاب الامتاع . فقال لي الوزير اين ابو سعيد من ابي علي واين علي بن عيسى منهما واين ابن المراغي ايضا من الجماعة وكذلك المرزباني وابن شاذان وابن الوراق وابن حيويه فكان من الجواب: ابو سعيد اجمع لشمل العلم وانظم لمذاهب العرب وادخل في كل باب واخرج عن كل طريق والزم للجادة الوسطى في الدين والخلق واروى للحديث واقضى في الاحكام وافقه في الفتوى واحضر بركة على المختلفين واظهر اثراً في المقتبسة ولقد كتب اليه نوح بن نصر وكان من ادباء ملوك آل سامان سنة ٣٤٠ كتاباً خاطبه فيه بالامام وسأله عن

(١) يريد بحيث لا

مسائل تزيد على اربعمائة مسئلة الغالب عليها الحروف وما اشبه الحروف وباقي ذلك امثال مصنوعة على العرب شك فيها فسأله عنها وكان هذا الكتاب مقروناً بكتاب الوزير البلعمي خاطبه فيه بامام المسلمين ضمنه مسائل القرآن وامثالاً للعرب مشكلة وكتب اليه المرزبان بن محمد ملك الديلم من آذربيجان كتاباً خاطبه فيه بشيخ الاسلام سال عن مائة وعشرين مسئلة اكثرها في القرآن و باقي ذلك فى الروايات عن النبي صلى الله عليه وسلم وعن الصحابة وكتب اليه ابن حنزابة من مصر كتاباً خاطبه فيه بالشيخ الجليل وسأله فيه عن ثلاثمائة كلمة من فنون الحديث المروي عن النبي صلى الله عليه وسلم وعن السلف. وقال لي [١] الدارقطني سنة سبعين انا جمعت ذلك لابن حنزابة على طريق المعونة. وكتب اليه ابو جعفر ملك سجستان على يد شيخنا ابي سليمان [٢] كتاباً خاطبه فيه بالشيخ الفرد سال عن سبعين مسئلة في القرآن ومائة كلمة في العربية وثلثمائة بيت من الشعر هكذا حدثني به ابو سليمان واربعين مسئلة في الاحكام وثلاثين مسئلة في الاصول على طريق المتكلمين. قال الوزير [٣] وهذه المسائل والجوابات عندك قلت نعم. قال في كم تقع. قلت لعلها تقع في الف وخمسمائة ورقة لان اكثرها في الظهور. قال ما احوجنا الى النظر اليها والاستمتاع بها والاستفادة منها واين الفراغ واين السكون ونحن في كل يوم ندفع الى طامّة تنسي ما سلف وتوعد بالداهية. ثم قال صل حديثك. قلت واما ابو علي فاشد تفرداً بالكتاب واكثر اكباباً عليه

(١) ابو حيان هو المتكلم (٢) هو المنطقي (٣) هو ابن سعدان

وابعد من كل ما عداه مما هو علم الكوفيين وما تجاوز في اللغة كتب ابي زيد واطرافاً لغيره وهو متّقد بالغيظ على ابي سعيد وبالحسد له كيف تم له تفسير كتاب سيبويه من اوله الى آخره بغريبه وامثاله وشواهده وابياته وذلك فضل الله يؤتيه من يشاء لان هذا شيء ما تم للمبرد ولا للزجاج ولا لابن السراج ولا لابن درستويه مع سعة علمهم وقبض بنانهم. ولابي علي اطراف من الكلام في مسائل اجاد فيها ولم يأتلِ ولكنه قعد عن الكتاب على النظم المعروف . وحدّثني اصحابنا ان ابا علي اشترى شرح ابي سعيد بالاهواز في توجهه الى بغداد سنة ثمان وستين لاحقاً بالخدمة المرسومة به والندامة الموقوفة عليه بالفي درهم وهذا حديث مشهور وان كان اصحابه يأبون الاقرار به الا من يزعم انه اراد النقض عليه واظهار الخطأ وقد كان الملك السعيد همّ بالجمع بينهما فلم يقض ذلك لان ابا سعيد مات في رجب سنة ٣٦٨ وابو علي يشرب ويخالع هذي سجية اهل العلم وطريقة الديانين وابو سعيد يصوم الدهر كله ولا يصلي الا في الجماعة ويفتي على مذهب ابي حنيفة ويلي القضاء سنين ويتالّه ويتحرج وغيره بمعزل عن هذا ولولا الابقاء لاهل العلم لكان القلم [1] يجري بما هو خافٍ ويخبر بما هو مجمجم ولكن الاخذ بحكم المروءة اولى والاعراض عن ما يوجب اللائمة احرى. وكان ابو سعيد حسن الخط ولقد اراده الصيمري ابو جعفر على الانشاء والتحرير فاستعفى وقال هذا يحتاج فيه الى دربة وانا عارٍ منها وسياسة وانا غريب فيها * ومن العناء رياضة الهرم *

(١) ق فكان العلم

وحدثنا النصري ابو عبد الله وكان يكتب النوبة للمهلبي قال كنت اخط بين يدي الصيمري ابي جعفر محمد بن احمد بن محمد فالتمسني يوماً لان اجيب ابن العميد ابا الفضل عن كتاب فلم يجدني وكان ابو سعيد السيرافي بحضرته فظن انه لفضل العلم اقوم بالجواب من غيره فتقدم اليه ان يكتب ويجيب فاطال في عمل نسخة كثر فيها الضرب والاصلاح ثم اخذ يحرر والصيمري يقرأ ما يكتبه فوجده مخلفاً لجاري العادة لفظاً مباينا لمأثوره ترتيباً قال ودخلت في تلك الحال فتمثل الصيمري بقول الشاعر

يا باريَ القوس بريا ليس يصلحه لا تظلم القوس اعط القوس باريها

ثم قال لابي سعيد خفف عنك ايها الشيخ وادفع الكتاب الى أبي عبدالله تلميذك ليجيب عنه فخجل من هذا القول فلما ابتدأت الجواب من غير نسخة تحيرمني ابو سعيد ثم قال للصيمري ايها الاستاذ ليس بمستنكر ما كان مني ولا بمستكبر ما كان منه ان مال الغني لا يصح في بيت المال الا بين مستخرج وجهبذ والكتاب جهابذة الكلام والعلماء مستخرجوه فتبسم الصيمري واعجبه ما سمع وقال على كل حال ما اخليتنا من فائدة . وكان ابو سعيد بعيد القرين لانّه كان يقرأ عليه القرآن والتفسير والفقه والفرائض والشروط والنحو واللغة والعروض والقوافي والحساب والهندسة والشعر والحديث والاخبار وهو في كل هـذا اما في الغاية واما في الوسط . واما علي بن عيسى فعلى [(١)] الرتب في النحو واللغة والكلام والمنطق وعيب [(٢)] به الا انه لم يسلك طريق واضع المنطق بل افرد

(١) لعله فعالي (٢) لعله ولا عيب به

صناعة واظهر براعة وقد عمل في القرآن كتاباً نفيساً هذا مع الدين الثخين والعقل الرزين . واما ابن المراغي فلا يلحق بهؤلاء مع براعة اللفظ وسعة الحفظ وقوة النفس وغزارة النفث وكثرة الرواية ومن نظر له في كتاب البهجة عرف ما اقول واعتقد فوق ما وصفت . واما المرزباني وابن شاذان والقرميسيني وابن الخلال وابن حيويه فلهم رواية وجمع ليس لهم في شيء من ذلك نقط ولا اعجام ولا اسراج ولا الجام . وحدثني الشيخ الامام علم الدين القاسم بن احمد الاندلسي شيخنا قال حدثني تاج الدين ابو اليمن زيد بن الحسن الكندي شيخنا قال بلغني ان ابا سعيد دخل على ابن دريد وهو يقول اول من اقوى في الشعر ابونا آدم عليه السلام في قوله

تغيرت البلاد ومن عليها فوجه الارض مغبرّ قبيح
تغيّر كل ذي طعم ولون وقل بشاشة الوجه المليح

فقال ابو سعيد يمكن انشاده على وجه لا يكون فيه اقوى فقال وكيف ذلك قال بان تنصب بشاشة على التميز وترفع الوجه المليح بقلَّ ويكون قد حذف التنوين لالتقاء الساكنين كما حذف في قوله

فالفيته غير مستعتب ولا ذاكرِ اللهَ الا قليلا

وقال ابو حيان جرى ليلةً ذكر ابي سعيد السيرافي في مجلس ابن عباد وكان ابن عباد يتعصب له ويقدمه على اهل زمانه ويزعم انه حضر مجلسه وابان عن نفسه وصادف من ابي سعيد بحر علم وطود حلم فقال ابو موسى الخشكي أَلاَ انه لم يعمل في شرح كتاب سيبويه شيئاً فنظر

اليه ابن عباد متنمراً ولم يقل حرفا فعجبت من ذلك ثم اني توصلت بعض اصحابه حتى سأل عن حلمه عن ابي موسى مع ذبه عن ابي سعيد فقال والله لقد ملكني الغيظ عن ذلك الجاهل حتى عزب عني رأيي ولم اجد في الحال شيئاً يشفي غيظي وغلتي منه فصار ذلك سبباً لسكوتي عنه فشابهت الحال الحلم وما كان ذلك حلما ولكن طلباً لنوع من الاستخفاف لائق به فوالله ما يدري ذلك الكلب ولا احد ممن خرج من قريته ورقة من ذلك الكتاب وهل سبق احد الى مثله من أول الكتاب الى آخره مع كثرة فنونه وخوافي اسراره. وكان ابو موسى هذا من طبرستان فعد هذا التعصب من مناقب ابن عباد وحجب ابا موسى بعد ذلك. ومن عجيب ما مر بي ما قرأته في كتاب الانتصار المنبئ عن فضائل المتنبئ لابي الحسين محمد بن احمد بن محمد المغربي راوية المتنبئ وكان قد رد فيه(١) على بعض من زعم ان شعر المتنبئ مسروق من ابي تمام والبحتري وله قصيدة عارض بها بعض قصائد المتنبئ واخذ المغربي يرد عليه فقال ورأيته وقد استشهد بابي سعيد السيرافي مؤدب الامير ابي اسحاق بن معز الدولة ابي الحسن بن بويه وذكر انه اعطاه خطه بان قصيدته خير من قصيدة ابي الطيب قال ومن جعل الحكم في هذا الى ابي سعيد انما يحكم في الشعر الشعراء لا المؤدّبة وبمثل هذا جرت سنة العرب في القديم كانت تضرب للنابغة خيمة من ادم بسوق عكاظ وتأتي الشعراء من سائر الآفاق فتعرض اشعارها عليه فيحكم لمن اجاد

---

(١) ق فيها

وخبره مع حسان وغيره معروف ولو كان اعلم الناس بالنحو اشعرهم لكان ابو علي الفسوي اشعر الناس وما عرف له نظم بيت ولا ابيات ولا سمع ذلك منه واما اعطاء ابي سعيد خطه فيوشك ان يكون من جنب ما حدثني به المعروف بابن الخزاز الوراق ببغداد وابو بكر القنطري وابو الحسين بن الخراساني وهما وراقان ايضاً من جلة اهل هذه الصنعة ان ابا سعيد اذا اراد بيع كتاب استكتبه بعض تلامذته حرصاً على النفع منه ونظراً في دق المعيشة كتب في آخره وان لم ينظر في حرف منه « قال الحسن بن عبد الله قد قرئ هذا الكتاب عليّ وصح » ليشترى باكثر من ثمن مثله . قلت وهذا ضد ما وصفه به الخطيب من متانة الدين وتابّيه من اخذ رزق على القضاء وقناعته بما يحصل من نسخه هذه والله اعلم بما كان .

مناظرة جرت بين متى بن يونس القنائي الفيلسوف وبين ابي سعيد السيرافي رحمة الله عليه

قال ابو حيان ذكرت للوزير مناظرة جرت في مجلس الوزير ابي الفتح الفضل بن جعفر بن الفرات بين ابي سعيد السيرافي وابي بشر متى واختصرتها فقال لي اكتب هذه المناظرة على التمام فان شيئاً يجري في ذلك المجلس النبيه وبين هذين الشيخين بحضرة أولئك الاعلام ينبغي ان يغتنم سماعه وتوعى فوائده ولا يتهاون بشيء منه فكتبت : حدثني ابو

(١) لعله القياس

سعيد يلمع من هذه القصة فاما علي بن عيسى النحوي الشيخ الصالح فانه رواها مشروحة قال لما انعقد المجلس سنة عشرين وثلثمائة قال الوزير ابن الفرات للجماعة (وفيهم الخالدي وابن الاخشيد والكندي وابن ابي بشر وابن رباح وابن كعب وابو عمرو قدامة بن جعفر والزهري وعلي بن عيسى بن الجراح وابو فراس وابن رشيد وابن عبد العزيز الهاشمي وابن يحيي العلويّ ورسول ابن طغج من مصر والمرزباني صاحب بني سامان) اريد ان ينتدب منكم انسان لمناظرة متى في حديث المنطق فانه يقول لا سبيل الى معرفة الحق من الباطل والصدق من الكذب والخير من الشر والحجة من الشبهة والشك من اليقين الا بما حويناه من المنطق وملكناه من القيام (١) واستفدناه من واضعه على مراتبه وحدوده واطلعنا عليه من جهة اسمه على حقائقه. فاحجم القوم واطرقوا فقال ابن الفرات والله ان فيكم لمن يفي بكلامه ومناظرته وكسر ما يذهب اليه واني لاعدّكم في العلم بحاراً وللدين واهله انصاراً وللحق وطلابه مناراً فما هذا التغامز والتلامز اللذان تجلون عنهما. فرفع ابو سعيد السيرافي راسه وقال اعذر ايها الوزير فان العلم المصون في الصدور غير العلم المعروض في هذا المجلس على الاسماع المصيخة والعيون المحدقة والعقول الجامدة (١) والالباب الناقدة لان هذا يستصحب الهيبة والهيبة (٢) مكسرة ويجتلب الحيا والحيا مغلبة وليس البراز في معركة غاصّة كالمصراع (٣) في بقعة خاصّة. فقال ابن الفرات انت لها يا ابا سعيد فاعتذارك عن غيرك

---

(١) كذا بالاصل (٢) ق ـ (٣) لعله كالمصارعة

يوجب عليك الانتصار لنفسك والانتصار لنفسك راجع على الجماعة بفضلك . فقال ابو سعيد مخالفة الوزير فيما يأمره هجنة والاحتجان عن رأيه اخلاد الى التقصير ونعوذ بالله من زلّة القدم واياه نسئل حسن التوفيق في الحرب والسلم ثم واجه متى فقال حدثني عن المنطق ما تعني به فانا اذا فهمنا مرادك فيه كان كلامنا معك في قبول صوابه وردّ خطَأه على سنن مرضيّ وعلى طريقة معروفة. قال متي اعني به انه آلة من الآلات يعرف به صحيح الكلام من سقيمه وفاسد المعنى من صالحه كالميزان فاني اعرف به الرجحان من النقصان والشائل من الجانح. فقال له ابو سعيد اخطأت لان صحيح الكلام من سقيمه يعرف بالعقل ان كنا نبحث بالعقل هبك عرفت الراجح من الناقص من طريق الوزن من لك[1] بمعرفة الموزون أهو حديد أو ذهب أو شبه أو رصاص واراك بعد معرفة الوزن فقيراً الى معرفة جوهر الموزون والى معرفة قيمته وسائر صفاته التي يطول عدّها فعلى هذا لم ينفعك الوزن الذي كان عليه اعتمادك وفي تحقيقه كان اجتهادك الا نفعاً يسيراً من وجه واحد وبقيت عليك وجوه فانت كما قال الاول

حَفِظْتَ شَيْئاً وَضَاعَتْ مِنْكَ أَشْيَاءُ

وبعد فقد ذهب عليك شيء هاهنا ليس كل ما في الدنيا يوزن بل فيها ما يوزن وفيها ما يكال وفيها ما يذرع وفيها ما يمسح وفيها ما يحزر وهذا وان كان هكذا في الاجسام المرئية فانه أيضاً على ذلك في

---

(١) ق ذلك

المعقولات المقروءة والاحساس [١] ظلال العقول وهي تحكيها بالتبعيد والتقريب مع الشبه المحفوظ والمماثلة الظاهرة ودع هذا اذا كان المنطق وضعه رجل من يونان على لغة أهلها واصطلاحهم عليها وما يتعارفونه بها من رسومها وصفاتها من أين يلزم الترك والهند والفرس والعرب ان ينظروا فيه ويتخذوه حكماً لهم وعليهم وقاضيا بينهم ما شهد له [٢] قبلوه وما انكره [٣] رفضوه. قال متى انما لزم ذلك لان المنطق بحث عن الاغراض المعقولة والمعاني المدركة وتصفح للخواطر السانحة والسوانح الهاجسة والناس في المعقولات سواء الا ترى ان أربعة وأربعة ثمانية عند جميع الامم وكذلك ما أشبهه. قال أبو سعيد لو كانت المطلوبات بالعقل والمذكورات باللفظ ترجع مع شعبها المختلفة وطرائقها المتباينة الى هذه المرتبة البينة في أربعة وأربعة انهما ثمانية زال الاختلاف وحضر الاتفاق ولكن ليس الامر هكذا ولقد موّهت بهذا المثال ولكم عادة في مثل هذا التمويه ولكن ندع هذا أيضا اذا كانت الاغراض المعقولة والمعاني المدركة لا يوصل اليها الا [٤] باللغة الجامعة للاسماء والافعال والحروف افليس قد لزمت الحاجة الى معرفة اللغة. قال نعم. قال اخطأت قل في هذا الموضع بلى. قال متى بلى انا اقلدك في مثل هذا. قال أبو سعيد فانت اذاً لست تدعونا الى علم المنطق بل الى تعلم اللغة اليونانية وانت لا تعرف لغة يونان فكيف صرت تدعونا الى لغة لا تفي بها وقد عفت منذ زمان طويل وباد اهلها وانقرض القوم الذين كانوا يتفاوضون بها ويتفاهمون

(١) لعله والاجسام (٢) ق لهم (٣) ق نكروه (٤) ق –

اغراضهم بتصرفها على انك تنقل من السريانية فما تقول في معانٍ متهوّلة [١] بالنقل من لغة يونان الى لغة اخرى سريانية ثم من هذه الى لغة اخرى عربية. قال متى يونان وان بادت مع لغتها فان الترجمة قد حفظت الاغراض وادت المعاني وأخلصت الحقائق . قال أبو سعيد اذا سلمنا لك ان الترجمة صدقت وما كذبت وقومت وما حرفت ووزنت وما جزفت وانها ما التاثت ولا حافت ولا نقصت ولا زادت ولا قدمت ولا أخرت [٢] ولا اخلت بمعنى الخاصّ والعامّ ولا باخصّ الخاصّ ولا باعمّ العامّ وان كان هذا لا يكون وليس في طبائع اللغات ولا في مقادير المعاني فكأنك تقول بعد هذا لا حجة الا عقول يونان ولا برهان الا ما وصفوه [٣] ولا حقيقة الا ما أبرزوه . قال متى لا ولكنهم من بين الامم أصحاب عناية بالحكمة والبحث عن ظاهر هذا العالم وباطنه وعن كل مايتّصل به وينفصل عنه وبفضل عنايتهم ظهر ما ظهر وانتشر ما انتشر وفشا ما فشا ونشأ ما نشأ من أنواع العلم وأصناف الصناعة ولم نجد هذا لغيرهم . قال أبو سعيد اخطأت وتعصبت وملت مع الهوى فان العلم [٤] مبثوث في العالم ولهذا قال القائل

العلم في العالم مبثوث ونحوه العاقل محثوث

وكذلك الصناعات مفضوضة على جميع من على جديد الارض ولهذا غلب علم في مكان دون مكان وكثرت صناعة في بقعة دون صناعة [٥] وهذا واضح والزيادة عليه مشغلة ومع هذا فانما كان يصح قولك ويسلم

(١) لعله متحولة (٢) ق اخرقت (٣) لعله وضعوه (٤) ق العالم (٥) لعله بقعة

دعواك لو كانت يونان معروفة بين جميع الامم بالعصمة الغالبة والفطرة الظاهرة والبنية المخالفة وانهم لو ارادوا ان يخطئوا ما قدروا ولو قصدوا ان يكذبوا ما استطاعوا وان السكينة نزلت عليهم والحق تكفل بهم والخطأ تبرأ منهم والفضائل لصقت باصولهم وفروعهم والرذائل بعدت عن جواهرهم وعروقهم وهذا جهل ممّن يظنه بهم وعناد ممّن يدّعيه عليهم بل كانوا كغيرهم من الامم يصيبون في اشياء ويخطئون في اشياء ويصدقون في امور ويكذبون في امور ويحسنون في احوال ويسيئون في احوال وليس واضع المنطق يونان باسرها انما هو[١] رجل منهم وقد اخذ عمن قبله كما اخذ عنه من بعده وليس هو حجة على هذا الخلق الكثير والجمّ الغفير وله مخالفون منهم ومن غيرهم ومع هذا فالاختلاف في الرأي والنظر والبحث والمسئلة والجواب سنخ وطبيعة فكيف يجوز ان يأتي رجل بشيء يرفع به هذا الخلاف او يحلحله او يؤثر فيه هيهات هذا محال ولقد بقي العالم بعد منطقه على ما كان قبل منطقه وامسح وجهك بالسلوة عن شيء لا يستطاع لانه مفتقد بالفطرة والطباع وانت فلو فرغت بالك وصرفت عنايتك الى معرفة هذه اللغة التي نحاورنا بها ونجارينا فيها وتدرس اصحابك بمفهوم اهلها وتشرح كتب يونان بعادة اصحابها لعلمت انك غني عن معاني يونان كما انك غنيّ عن لغة يونان وهاهنا مسئلة: اتقول ان الناس عقولهم مختلفة وانصباؤهم منها متفاوتة. قال متى نعم. قال وهذا التفاوت والاختلاف بالطبيعة او الاكتساب . قال بالطبيعة . قال

(١) ق —

فكيف يجوز ان يكون هاهنا شيءٌ يرتفع به الاختلاف الطبيعي والتفاوت الاصلي. قال متى هذا قد مرّ في جملة كلامك آنفا. قال ابو سعيد فهل وصلته بجواب قاطع وبيان ناصع ودع هذا اسئلك عن حرف واحد هو دائر في كلام العرب ومعانيه متميّزة عند اهل العقل فاستخرج انت معانيه من ناحية منطق ارسطاطاليس الذي تدل به(١) وتباهي بتفخيمه وهو الواو وما احكامه وكيف مواقعهُ وهل هو على وجه واحد او وجوه. فبهت متى وقال هذا نحو والنحو لم انظر فيه لان لا حاجة بالمنطقي الى النحو وبالنحوي حاجة الى المنطق لان المنطق يبحث عن المعنى والنحو يبحث عن اللفظ فان مرّ المنطقي باللفظ فبالعرض وان عبر النحوي بالمعنى فبالعرض والمعنى اشرف من اللفظ واللفظ اوضع من المعنى. قال ابو سعيد اخطأت لان المنطق والنحو واللفظ والافصاح والاعراب والانباء والحديث والاخبار والاستخبار والعرض والتمني والحضّ والدعاء والنداء والطلب كلها من واد واحد بالمشاكلة والمماثلة الا ترى ان رجلاً لو قال نطق زيد بالحق ولكن ما تكلم بالحق وتكلم بالفحش ولكن ما قال الفحش واعرب عن نفسه ولكن ما افصح وابان المراد ولكن ما اوضح او فاه بحاجته ولكن ما لفظ او اخبر ولكن ما انبأ لكان في جميع هذا مخرفاً ومناقضاً وواضعاً للكلام في غير حقه ومستعملاً للفظ على غير شهادة من عقله وعقل غيره والنحو منطق ولكنه مسلوخ من العربية والمنطق نحو ولكنه مفهوم باللغة وانما الخلاف بين اللفظ والمعنى ان اللفظ طبيعي والمعنى عقلي ولهذا كان اللفظ

---

(١) ق بها

بائداً على الزمان يقفو اثر الطبيعية باثر اخر من الطبيعية ولهذا كان المعنى ثابتا على الزمان لان مستملي المعنى عقل والعقل الهي ومادّة اللفظ طينية وكل طيني متهافت وقد بقيت انت بلا اسم لصناعتك التي (١) تنتحلها وآلتك الّتي تزهى بها الا ان تستعير من العربية لها اسماً فتعار ويسلم لك بمقدار وان لم يكن لك بد من قليل هذه اللغة من اجل الترجمة فلا بد لك ايضا من كثيرها من اجل تحقيق الترجمة واجتلاب الثقة والتوقي من الخلة اللاحقة لك . قال متى يكفيني من لغتكم هذا الاسم والفعل والحرف فاني اتبلغ بهذا القدر الى اغراض قد هذبتها لي يونان . قال ابو سعيد اخطأت لانك في هذا الاسم والفعل والحرف فقير الى وصفها (٢) وبنائها على الترتيب الواقع في غرائز اهلها وكذلك انت محتاج بعد هذا الى حركات هذه الاسماء والافعال والحروف فان الخطأ والتحريف في الحركات كالخطأ والفساد في المتحركات وهذا باب انت واصحابك ورهطك عنه في غفلة على انّ هاهنا سرّا ما علق بك ولا اسفر لعقلك وهو ان تعلم ان لغة من اللغات لا تطابق لغة اخرى من جميع جهاتها بحدود صفاتها في اسمائها وأفعالها وحروفها وتأليفها وتقديمها وتأخيرها واستعارتها وتحقيقها وتشديدها وتخفيفها وسعتها وضيقها ونظمها ونثرها وسجعها ووزنها وميلها وغير ذلك مما يطول ذكره وما اظن أحداً يدفع هذا الحكم أو يسأل في صوابه ممن يرجع الى مسكة من عقل أو نصيب من انصاف فمن أين يجب ان تثق بشيء ترجم لك على هذا الوصف بل أنت الى ان تعرف

(١) ق ـ (٢) لعله وضعها

اللغة العربية احوج منك الى ان تعرف المعاني اليونانية على ان المعاني لا تكون يونانية ولا هندية [١] كما ان اللغات [٢] لا تكون فارسية ولا عربية ولا تركية ومع هذا فانك تزعم ان المعاني حاصلة [٣] بالعقل والفحص والفكر فلم يبق الا احكام اللغة فلم تزري على العربية وانت تشرح كتب ارسطاطاليس بها مع جهلك بحقيقتها وحدثني عن قائل قال لك حالي في معرفة الحقائق والتصفح لها والبحث عنها حال قوم كانوا قبل واضع المنطق انظر كما نظروا [٤] واتدبر كما تدبروا لان اللغة قد عرفتها بالمنشأ والوراثة والمعاني نقرت عنها بالنظر والرأي والاعتقاب والاجتهاد ما تقول له لا يصح له هذا الحكم ولا يستتب هذا الامر لانه لم يعرف هذه الموجودات من الطريقة التي عرفتها انت ولعلك تفرح بتقليدك وان كان على باطل اكثر مما يفرح باستبداده وان كان على حق وهذا هو الجهل المبين والحكم الغير مستبين ومع هذا فحدثني عن الواو ما حكمه فاني اريد ان ابين ان تفخيمك للمنطق لا يغني عنك شيئاً وان تجهل حرفاً واحداً من اللغة التي تدعو بها الى الحكمة اليونانية ومن جهل حرفاً واحداً امكن ان يجهل اللغة بكمالها وان كان لا يجهلها كلها ولكن يجهل بعضها فلعله يجهل ما يحتاج اليه ولا ينفعه فيه علم بما لا يحتاج وهذه رتبة العامة او هي رتبة من هو فوق العامة بقدر يسير فلِمَ يتابّى على هذا وينكر ويتوهم انه من الخاصة وخاصة الخاصة وانه يعرف سر الكلام وغامض الحكمة وخفي القياس وصحيح البرهان وانما سالتك

(١) ق هدسية (٢) لعله « الاغراض » (٣) ق حاصلها (٤) نظرت

عن معاني حرف واحد فكيف لو نثرت عليك الحروف كلها وطالبتك بمعانيها ومواضعها التي لها بالحق والتي لها بالتجوّز وسمعتكم تقولون «في» لا يعلم النحويون مواقعها وانما يقولون هي للوعاء كما يقولون ان الباء للالصاق وان في تقال على وجوه يقال الشيء في الوعاء والاناء في المكان والسائس في السياسة والسياسة في السائس الا ترى هذا الشبقيق (١) هو من عقول يونان ومن ناحية لغتها ولا يجوز ان يعقل هذا بعقول الهند والترك والعرب فهذا جهل من كل من يدّعيه وخطل من القول الذي افاض النحوي اذا قال «في للوعاء» فقد افصح في الجملة عن المعنى الصحيح وكنى مع ذلك عن الوجوه التي تظهر بالتفصيل ومثل هذا كثير وهو كاف في موضع السكيت. فقال ابن الفرات ايها الشيخ الموفق اجبه بالبيان عن مواقع الواو حتى تكون اشد في افحامه وحقق عند الجماعة ما هو عاجز عنه ومع ذلك فهو متشيع به. فقال ابو سعيد للواو وجوه ومواقع منها معنى العطف في قولك اكرمت زيداً وعمراً ومنها القسم في قولك والله لقد كان كذا وكذا ومنها الائتناف كقولك خرجت وزيد قائم لان الكلام بعده ابتداء وخبر ومنها معنى رب التي هي للتقليل نحو قوله

وقاتم الاعماق خاوي المخترقن (٢)

ومنها ان تكون اصلية في الاسم كقولك واقد واصل وافد وفي الفعل كقولك وجل يوجل ومنها ان تكون مقحمة نحو قول الله تعالى فلمّا

---

(١) كذا بالاصل (٢) البيت لروبة: فليراجع مغني ابن هشام (مصر ١٣٠٢) ٢: ٣٥

أَسْلَمَا وَتَلَّهُ لِلْجَبِينِ وَنَادَيْنَاهُ اي ناديناه ومثله قول الشاعر

فلما اجزنا ساحة الحي وانتحى بنا بطن خبت ذي قفاف عقنقل (١)

المعنى انتحى بنا ومنها معنى الحال في قوله عز وجل وَيُكَلِّمُ ٱلنَّاسَ فِي ٱلْمَهْدِ وَكَهْلاً اي يكلم الناس حال صغره بكلام الكهل في حال كهولته ومنها ان تكون بمعنى حرف الجرّ كقولك استوى الماء والخشبة اي مع الخشبة . فقال ابن الفرات لمتى يا با بشر اكان هذا في نحوك (٢) . ثم قال ابو سعيد دع هذا ها هنا مسالة علاقتها بالمعنى العقلي اكثر من علاقتها بالشكل اللفظي ما تقول في قول القائل زيد افضل الاخوة. قال صحيح. قال فما تقول ان قال زيد افضل اخوته . قال صحيح . قال فما الفرق بينهما مع الصحة فبلح وجنح وعصب ريقه . (٣) فقال ابو سعيد افتيت على غير بصيرة ولا استبانة المسئلة الاولى جوابك عنها صحيح وان كنت غافلا عن وجه صحتها والمسئلة الثانية جوابك عنها غير صحيح وان كنت ايضاً ذاهباً عن وجه بطلانها . قال متى بين ما هذا التهجين . قال ابو سعيد اذا حضرت المختلفة (٤) استفدت ليس هذا مكان التدريس هو مجلس ازالة التلبيس مع من عادته التمويه والتشبيه والجماعة تعلم انك اخطأت فلم تدعي ان النحويّ انما ينظر في اللفظ لا في المعنى والمنطقي ينظر في المعنى لا في اللفظ هذا كان يصح لو ان المنطقي يسكت ويجيل فكره في المعاني ويرتب ما يريد في الوهم السياح والخاطر العارض والحدس الطارئ واما وهو يريغ ان يبرز ما صح له بالاعتبار والتصفح الى المتعلم والمناظر

---

(١) البيت لامرئ القيس (٢) لعله بمنطقك (٣) لعله وغص بريقه (٤) يعني التلاميذ

فلا بد له من اللفظ الذي يشتمل على مراده ويكون طباقاً لغرضه وموافقاً لقصده . قال ابن الفرات يا أبا سعيد تمم لنا كلامك في شرح المسئلة حتى تكون الفائدة ظاهرة لاهل المجلس والتبكيت عاملاً في نفس ابي بشر. فقال ما اكره من ايضاح الجواب عن هذه المسئلة الا ملل الوزير فان الكلام اذا طال مل . فقال ابن الفرات ما رغبت في سماع كلامك و بيني و بين الملل علاقة فاما الجماعة فحرصها على ذلك ظاهر. فقال ابو سعيد اذا قلت زيد افضل اخوته لم يجز واذا قلت زيد افضل الاخوة جاز والفصل بينهما ان اخوة زيد هم غير زيد وزيد خارج من جملتهم وذلك دليل [1] انه لو سأل سائل فقال من اخوة زيد لم يجز ان تقول زيد وعمرو و بكر وخالد وانما تقول بكر وعمرو وخالد ولا يدخل زيد في جملتهم فاذا كان زيد خارجاً عن اخوته صار غيرهم فلم يجز ان يكون افضل اخوته كما لم يجز ان يكون حمارك افضل البغال لان الحمار غير البغال كما ان زيداً غير اخوته فاذا قلت زيد افضل الاخوة جاز لانه احد الاخوة والاسم يقع عليه وعلى غيره فهو بعض الاخوة الا ترى انه لو قيل من الاخوة عددته فيهم فقلت زيد وعمرو و بكر وخالد فيكون بمنزلة قولك حمارك افره الحمير فلما كان على ما وصفنا جاز ان يضاف الى واحد منكور يدل على الجنس فتقول زيد افضل رجل وحمارك افره حمار فيدل رجل على الجنس كما دل الرجال وكما في عشرين درهما ومائة درهم . فقال ابن الفرات ما بعد هذا البيان مزيد ولقد جل علم النحو عندي بهذا الاعتبار وهذا

---

(١) لعله ودليل ذلك

الانقياد . فقال ابو سعيد معاني النحو منقسمة بين حركات اللفظ وسكناته وبين وضع الحروف في مواضعها المقتضية لها وبين تاليف الكلام بالتقديم والتاخير وتوخي الصواب في ذلك وتجنب الخطأ من ذلك وان زاغ شيء عن النعت فانه لا يخلو من ان يكون سائغاً [١] بالاستعمال النادر والتاويل البعيد او مردوداً لخروجه عن عادة القوم الجارية على فطرتهم فاما ما يتعلق باختلاف لغات القبائل فذلك شيء مسلم لهم وماخوذ عليهم وكل ذلك محصور بالتتبع والرواية والسماع والقياس المطرد على الاصل المعروف من غير تحريف وانما دخل العجب على المنطقيين لظنهم ان المعاني لا تعرف ولا تستوضح الا بطريقهم ونظرهم وتكلّفهم فترجموا لغة هم فيها ضعفاء ناقصون بترجمة اخرى هم فيها ضعفاء ناقصون وجعلوا تلك الترجمة صناعة وادعوا على النحويين انهم مع اللفظ لا مع المعنى . ثم اقبل ابو سعيد على متى فقال الا تعلم يا با بشر ان الكلام اسم واقع على اشياء قد أئتلفت بمراتب مثال ذلك انك تقول هذا ثوب والثوب يقع على اشياء بها صار ثوباً ثم به نسج بعد ان غزل فسداته لا تكفي دون لحمته ولحمته لا تكفي دون سداته ثم تاليفه كنسجه وبلاغته كقصارته ودقة سلكه كرقة لفظه وغلظ غزله ككثافة حروفه ومجموع هذا كله ثوب ولكن بعد تقدمة كل ما يحتاج اليه فيه . قال ابن الفرات سله يا ابا سعيد عن مسئلة اخرى فان هذا كلما توالى عليه بان انقطاعه وانخفض ارتفاعه في المنطق الذي ينصره والحق الذي لا ينصره . قال ابو سعيد ما تقول في

---

(١) ق سابقا

رجل قال لهذا عليّ درهم غير قيراط. قال متى ما لي علم بهذا النمط . قال لست نازعاً عنك حتى يصح عند الحاضرين انك صاحب مخرقة وزرق ها هنا ما هو اخف من هذا قال رجل لصاحبه بكم الثوبانِ المصبوغان وقال آخر بكم ثوبان مصبوغان وقال آخر بكم ثوبان مصبوغين بيّن هذه المعاني التي تضمنها لفظ لفظ . قال متى لو نثرت انا ايضا عليك من مسائل المنطق شيئاً لكان حالك كحالي . قال ابو سعيد اخطأتَ لانك اذا سالتني عن شيء انظر فيه فان كان له علاقة بالمعنى وصحّ لفظه على العادة الجارية اجبت ثم لا ابالي ان يكون موافقاً او مخالفاً وان كان غير متعلق بالمعنى رددته عليك وان كان متّصلا باللفظ ولكن على موضع لكم في الفساد على ما حشوتم به كتبكم رددته ايضا لانه لا سبيل الى احداث لغة مقررة بين اهلها ما وجدنا لكم الا ما استعرتم من لغة العرب كالسبب والا (١) والموضوع والمحمول والكون والفساد والمهمل والمخصوص وامثلة لا تنفع ولا تجدي وهي الى العي اقرب وفي الفهاهة اذهب ثم انتم هؤلاء في منطقكم على نقض ظاهر لانكم لا تفون بالكتب ولا هي مشروحة وتدعون الشعر ولا تعرفونه وتدعون الخطابة وانتم عنها في منقطع التراب وقد سمعت قائلكم يقول الحاجة ماسّة الى كتاب البرهان فان كان كما قال فلم قطع الزمان بما قبله من الكتب وان كانت الحاجة قد مست الى ما قبل البرهان فهي ايضا ماسّة الى ما بعد البرهان والا فلم صنف ما لا (٢) يحتاج اليه ويستغنى عنه هذا كله تخليط وزرق وتهويل ورعد

---

(١) لعله والآلة (٢) ق ـ

وبرق وانما بودكم ان تشغلوا جاهلا وتستذلوا عزيزا وغايتكم ان تهولوا بالجنس والنوع والخاصة والفصل والعرض والشخص وتقولوا الهلية والاينية والماهية والكيفية والكمية والذاتية والعرضية والجوهرية والهيولية والصورية والانسية والكسبية والنفسية ثم تتمطون وتقولون جئنا بالسحر في قولنا * لا ا في شيء من باء وواو وجيم في بعض باء وفاء في بعض جيم والا في كل ب وج في كل ب فا اذن لا في كل ج (١) وهذا (٢) بطريق الحلف (٣) وهذا بطريق الاختصاص وهذه كلها جزافات وترهات ومغالق وشبكات ومن جاد عقله وحسن تمييزه ولطف نظره وثقب رأيه وانارت نفسه استغنى عن هذا كله بعون الله وفضله وجودة العقل وحسن التمييز ولطف النظر وثقوب الرأي وانارة النفس من منائح الله الهبية (٤) ومواهبه السنية يختص بها من يشاء من عباده وما اعرف لاستطالتكم بالمنطق وجهاً وهذا الناشئ ابو العباس قد نقض عليكم وتتبع طريقكم وبين خطاكم وابرز ضعفكم ولم تقدروا الى اليوم ان تردوا عليه كلمة واحدة مما قال وما زدتم على قولكم « لم يعرف اغراضنا ولا وقف على مرادنا وانما تكلم على وهم » وهذا منكم لجاجة ونكول ورضى بالعجز والكلول وكل ما ذكرتم في الموجودات فعليكم فيه اعتراض هذا قولكم في فعل وينفعل ولم تستوضحوا فيهما مراتبهما ومواقعهما ولم تفقوا على

---

(١) الصواب هو « لا ا في شيء من ب وان ج في بعض ب فا اذن لا في كل ج والا في كل ب و ج في كل ب فا اذن في بعض ج » (٢) الصواب « وذلك » (٣) لعله الخلاف (٤) لعله البهية

مقاسمهما لانكم قنعتم فيهما بوقوع الفعل من يفعل وقبول الفعل من ينفعل ومن وراء ذلك غايات خفيت عليكم ومعارف ذهبت عنكم وهذا حالكم في الاضافة فاما البدل ووجوهه والمعرفة واقسامها والنكرة ومراتبها وغير ذلك مما يطول ذكره فليس لكم فيه مقال ولا مجال وانت اذا قلت لانسان كن منطقيا فانما تريد كن عقليًّا او عاقلا او اعقل ما تقول لان اصحابك يزعمون ان المنطق هو العقل وهذا قول مدخول لان المنطق على وجوه انتم منها في سهو واذا قال لك آخر كن نحويا لغويا فصيحا فانما يريد افهم عن نفسك ما تقول ثم رم ان يفهم عنك غيرك وقدر اللفظ على المعنى فلا ينقص منه هذا اذا كنت في تحقيق شيء على ما هو به فاما اذا حاولت فرش المعنى وبسط المراد فاحل اللفظ بالروادف الموضحة والاشباه المقربة والاستعارات الممتعة وسد المعاني بالبلاغة اعني لوح منها شيئاً حتى لا تصاب الا بالبحث عنها والشوق اليها لان المطلوب اذا ظُفِر به على هذا الوجه عز وجل وكرم وعلا واشرح منها شيئاً حتى لا يمكن ان يمترى فيه او يتعب في فهمه اويسترح [1] عنه لاغتماضه فبهذا المعنى يكون جامعا لحقائق الاشياء ولاشباه الحقائق وهذا باب ان استقصيته خرج عن نمط ما نحن عليه في هذا المجلس على اني لا ادري ايؤثر ما اقول املا ثم قال حدثنا هل فصلتم قط بالمنطق بين مختلفين اورفعتم بالخلاف بين اثنين اتراك بقوة المنطق وبرهانه اعتقدت ان الله ثالث ثلاثة وان الواحد اكثر من واحد وان الذي هو اكثر من واحد

(١) لعله ينتزح

هو واحد وأن الشرع ما تذهب اليه والحق ما تقوله هيهات ها هنا امور ترفع عن دعوى اصحابك وهذيانهم وتدق عن عقولهم واذهانهم ودع هذا ها هنا مسئلة قد اوقعت خلافاً فارفع ذلك الخلاف بمنطقك قال قائل « لفلان من الحائط الى الحائط » ما الحكم فيه وما قدر المشهود به لفلان فقد قال ناس له الحائطان معاً وما بينهما وقال آخرون له النصف من كل منهما وقال آخرون له احدهما هات الان آيتك الباهرة ومعجزتك القاهرة وانّى لك بهما وهذا قد بان بغير نظرك ونظر اصحابك ودع ايضا قال قائل « من الكلام ما هو مستقيم حسن ومنه ما هو مستقيم كذب ومنه ما هو خطأ » فسر هذه الجملة واعترض عليه عالم آخر فاحكم انت بين هذا القائل والمعترض وارنا قوة صناعتك التي تميز بها بين الخطا والصواب وبين الحق والباطل فان قلت كيف احكم بين اثنين احدهما قد سمعت مقالته والاخر لم احصل على[1] اعتراضه قيل لك استخرج بنظرك الاعتراض ان كان ما قاله محتملا له ثم اوضح الحق منهما لان الاصل مسموع لك حاصل عندك وما يصح به او يطرد عليه يجب ان يظهر منك فلا تتعاسر علينا فان هذا لا يخفى على احد من الجماعة فقد بان الان ان مركب اللفظ لا يحوز مبسوط العقل والمعاني معقولة ولها اتصال شديد وبساطة تامّة وليس في قوة اللفظ من اي لغة كان ان يملك ذلك المبسوط ويحيط به وينصب عليه سوراً ولا يدع شيئاً من داخله ان يخرج ولا شيئاً من خارجه ان يدخل خوفاً من الاختلاط الجالب

(١) ق –

للفساد اعني ان ذلك يخلط الحقّ بالباطل ويشبه الباطل بالحق وهذا الذي وقع الصحيح منه في الاول قبل وضع المنطق وقد عاد ذلك الصحيح في الثاني بهذا المنطق وانت لو عرفت العلماء والفقهاء ومسائلهم ووقفت على غورهم في قطرهم وغوضهم في استنباطهم وحسن تاويلهم لما يرد عليهم وسعة تشقيقهم للوجوه المحتملة والكنايات المفيدة والجهات القريبة والبعيدة لحقرت نفسك وازدريت اصحابك ولكان ما ذهبوا اليه وتابعوا عليه اقل في عينك من السها عند القمر ومن الحصا عند الجبل اليس الكندي وهو علم في اصحابك يقول في جواب مسلة « هذا من باب عدة » فعد الوجوه بحسب الاستطاعة على طريق الامكان من ناحية الوهم بلا ترتيب حتى وضعوا له مسائل من هذا وغالطوه بها واروه من الفلسفة الداخلة فذهب عليه ذلك الوضع فاعتقد انه [1] مريض العقل فاسد المزاج حائل الغريزة مشوش اللب قالوا له اخبرنا عن الاسطقسات الاجرام واصطكاك [2] تضاغط الاركان هل يدخل في باب وجوب الامكان او يخرج من باب الفقدان الى ما يخفى عن الاذهان وقالوا له ايضا ما تشبيه [3] الحركات الطبيعيّة الى الصور الهيولانية وهل هي ملابسة للكيان في حدود النظر والبيان او مزايلة له على غاية الاحكام ما تاثير فقدان الوجدان في عدم الامكان عند امتناع الواجب من وجوبه في ظاهر ما لا وجوب له في امكان اصله وعلى هذا فقد حفظ جوابه عن جميع هذا على غاية الركاكة

(١) لعله سقط « صحيح وهو » (٢) لعله اصطكاك الاسطقسات والاجرام وتضاغط
(٢) لعله نسبة

والضعف والفساد والفشالة والسخف ولولا التوقي من التطويل لسردت ذلك كله ولقد مر بي في خطه التفاوت في تلاشي الاشياء غير محاط به لانه يلاقي الاختلاف في الاصول والاتفاق في الفروع وكل ما يكون على هذا النهج فالنكرة [1] تزاحم عليه المعرفة والمعرفة تناقض النكرة على ان النكرة والمعرفة من باب الالسنة [2] العارية من ملابس الاسرار الالهية لا من باب الالهية العارضة في احوال السرية « ولقد حدثني اصحابنا الصابئون عنه بما يضحك الثكلى ويشمت العدو ويغم الصديق وما ورث هذا كله الا من بركات يونان وفوائد الفلسفة والمنطق ونسئل الله عصمة وتوفيقاً نهتدي بهما الى القول الراجع الى التحصيل والفعل الجاري على التعديل انه سميع مجيب . قال ابو حيان هذا آخر ما كتبت عن علي بن عيسى الشيخ الصالح باملائه وكان ابو سعيد روى لمعاً من هذه القصة وكان يقول لم احفظ على نفسي كل ما قلت ولكن كتب ذلك القوم الذين حضروا في الواح كانت معهم ومحابر ايضاً وقد اختل كثير منه . قال علي بن عيسى وتقوّض المجلس واهله يتعجبون من جاش ابي سعيد ولسانه المتصرف ووجهه المتهلّل وفوائده المتتابعة وقال له الوزير ابن الفرات عين الله عليك ايها الشيخ فقد نديت اكباداً واقررت عيوناً وبيضت وجوهاً وحكت طرازاً لا يبليه الايام ولا يتطرقه الحدثان . قال قلت لعلي بن عيسى وكم كان سن ابي سعيد يومئذ قال مولده سنة ثمانين ومائتين وكان له يوم المناظرة اربعون سنة وقد عبث الشيب بلهازمه هذا

(١) ق والنكرة (٢) ق البسة

مع السمت والوقار والدين والجد وهذا شعار اهل الفضل والتقدم وقل من تظاهر وتحلى بحليته الا جل في العيون وعظم في الصدور والنفوس واحبته القلوب وجرت بمدحه الالسنة . وقلت لعلي بن عيسى اكان ابو علي الفسوي حاضراً في المجلس قال لا كان غائباً وحدث بما كان وكان الحسد لابي سعيد على ما فاز به من هذا الخبر المشهور والثناء المذكور. قال ابو حيان وقال لي الوزير عند منقطع هذا الحديث ذكرتني شيئاً كان في نفسي واحببت ان اسالك عنه واقف عليه اين ابو سعيد من ابي علي واين علي بن عيسى منهما واين المراغي ايضاً من الجماعة وكذلك المرزباني وابن شاذان وابن الوراق وابن حيويه فكان من الجواب ما تقدم ذكره

ونظير خبر ابي سعيد مع ... خبره ايضاً مع ابي الحسن العامري الفيلسوف النيسابوري ذكره ابو حيان ايضاً قال لما ورد ابو الفتح ابن العميد الى بغداد واكرم العلماء استحضرهم الى مجلسه ووصل ابا سعيد السيرافي وابا الحسن علي بن عيسى الرماني بمال كما ذكرنا في باب ابي الفتح علي بن محمد بن العميد قال ابو حيان انعقد المجلس في جمادى الاولى سنة ٣٦٤ وغص باهله فرأيت العامري وقد انتدب فسأل ابا سعيد ما كان به فانطقه الله بالسحر الحلال وذلك انه قال ما احسن ما ادبنا به بعض الموفقين المتقدمين فقال

واذا خطبت على الرجال فلا تكن　　حطل الكلام تقوله مختالا
واعلم بان مع السكوت لبانة　　ومن التكلف ما يكون خبالا

والله ياشيخ لعينك اكبرمن فوارك ولمرآك اوفى من دخلتك ولمنثورك ابين من منظومك فما هذا الذي طوعت له نفسك وسدد عليه رأيك اني اظن ان السلامة بالسكوت تعافك والغنيمة بالقول ترغب عنك والله المستعان فقال ابن العميد وقد اعجب بما قال ابو سعيد

فتى كان يعلو مفرق الحق قوله اذا الخطباء الصيد عضل قيلها
جهير وممتد العنان مناقد بصير بعورات الكلام خبيرها
القائل القول الرفيع الذي يمرع منه البلد الماحل

والتفت الى العامري فقال

وان لسانا لم يعنه لبابه كحاطب ليل يجمع الرذل حاطبه
وذي خطل بالقول يحسب انه مُصيب فما يلم به فهو قائله
وفي الصمت ستر للغبي وانما صحيفة لب المرء ان يتكلما
وفي الصمت ستر وهو اولى بذي الحجى اذا لم يكن للنطق وجه ومذهب

ثم اقبل على ابن فارس معلمه فقال لسنا من كلام اصحابك في الفريضة

قال ابو حيان فلما خرجنا قلت لابي سعيد ارايت ايها الشيخ ما كان من هذا الرجل الخطير عندنا اكبر في انفسنا قال ما دهيت قط بمثل ما دهيت به اليوم لقد جرى بيني وبين ابي بشر صاحب شرح كتاب المنطق سنة عشرين وثلاثمائة في مجلس ابي جعفر بن الفرات مناظرة (١) كانت هذه اشوس واشرس منها

(١) ق –

﴿ الحسن بن عبد الله بن سعيد بن اسماعيل بن زيد بن حكيم ﴾

العسكري ابو احمد اللغوي العلامة مولده يوم الخميس لست عشرة ليلة خلت من شوال سنة ٢٩٣ ومات سنة ٣٨٢ قال السلفي الحافظ على ما سمعت اباعامر غالب الفقيه الاستراباذي بقصر روناش يقول رايت بخط ابي حكيم احمد بن اسماعيل بن فضلان اللغوي العسكري مكتوباً توفي ابو احمد الحسن بن عبد الله بن سعيد العسكري يوم الجمعة لسبع خلون من ذي الحجة من سنة ٣٨٢ . قال مؤلف الكتاب وطال(١) تطوافي وكثر تسآلي عن العسكريين ابي احمد وابي هلال فلم الق من يخبرني عنهما بجلية خبر حتى وردت دمشق فى سنة ٦١٢ في جمادى الآخرة ففاوضت الحافظ تقي الدين اسماعيل بن عبد الله بن عبد المحسن ابن الانماطي النضاري المصري اسعده الله بطاعته فيهما فذ كرلي ان الحافظ اباطاهر احمد بن محمد بن احمد بن ابراهيم السلفي الاصبهاني لما ورد الى دمشق سئل عنهما فاجاب فيهما بجواب لا يقوم به الا مثله من ائمة العلم واولي الفضل والفهم فسألته ان يفيدني في ذلك ففعل متفضّلاً فكتبته على صورة ما اورده السلفي غير المولد والوفات فانه كان في آخر اخبار ابي احمد فقدمته على عادتي واخبرني بذلك عن السلفي جماعة منهم الاسعد محمد بن الحسن بن محمد بن عبد الله العامري المقدسي والنبيه ابو طاهر اسماعيل بن عبد الرحمن بن احمد بن عبد الرحمن الانصاري وغيرهما اجازةً قال ابو طاهر السّلفي دخل اليّ الشيخ الامين ابو محمد

(١) ق وقال طال

هبة الله بن احمد بن الاكفاني بدمشق سنة ٥١٠ وجرى ذكر ابي احمد العسكري فذكرت فيه ما يحتمل الوقت وبعد خروجه كتبت اليه بعد البسملة : اما بعد حمد الله العلي والصلاة على المصطفى النبي فقد جرى اليوم ذكر الشيخ المرضي ابي احمد العسكري وانشدت للصاحب[1] الكافي لله شعراً خاله سيدي سحراً ورام حرس الله نعمته وكبت بالذل عندته أبياته بتمامه فاشتغلت به بعد نهوضه وقيامه واضفت اليه والى ذكر الشيخ ابي احمد زيادة تعريف ليقف على جلية حاله كانه ينظر اليه من وراء ستر لطيف فليعلم اطال الله لكافة الانام بقاءه ولا سلبهم ظله وبهاءه ان الشيخ ابا احمد هذا كان من الائمّة المذكورين بالتصرف فى انواع العيون والتبحر في فنون الفهوم ومن المشهورين بجودة التأليف وحسن التصنيف ومن جملته كتاب صناعة الشعر رأيته . كتاب الحكم والامثال . كتاب راحة الارواح كتاب الزواجر والمواعظ . كتاب تصحيح الوجوه والنظائر . وكان قد سمع ببغداد والبصرة واصبهان وغيرها من شيوخ في عداد شيخيه ابي القاسم البغوي وابن ابي داوود السجستاني واكثر عنهم وبالغ فى الكتابة وبقي حتى علا به السن واشتهر في الآفاق بالدراية والاتقان وانتهت اليه رئاسة التحديث والاملاء للآداب والتدريس بقطر خوزستان ورحل الاجلاّء اليه للاخذ عنه والقراءة عليه وكان يملي بالعسكر وتستر ومدن ناحيته ما يختاره من عالي روايته عن متقدمي شيوخه ومنهم ابو محمد عبدان الاهوازي وابوبكر بن دريد

---

(١) لعله الصاحب

ونفطويه وابو جعفر بن زهير ونظراؤهم ومن متاخري اصحابه الذين رووا عنه الحديث ومتقدميهم ايضا (فاني ذكرتهم على غير رتبهم كما جاء لا كما يجب) ابو عباد الصائغ التستري وذونون بن محمد والحسين بن احمد الجهرمي وابن العطار الشروطي الاصبهاني وابو بكر احمد بن محمد بن جعفر الاصبهاني المعروف باليزدي وابو الحسين علي بن احمد بن الحسن البصري المعروف بالنعيمي الفقيه الحافظ وابو علي الحسن بن علي بن ابراهيم المقرئ الاهوازي نزيل دمشق الا انه قد انقلب عليه اسمه فيقول في تصانيفه اخبرنا ابو احمد عبد الله بن الحسن بن سعيد النحوي بعسكر مكرم قال اخبرنا محمد بن جرير الطبري وغيره وهو الحسن بن عبد الله بن سعيد العسكري لا عبد الله بن الحسن وقد روى عنه ابو سعد احمد بن محمد بن عبد الله بن الخليل الماليني وابو الحسين محمد بن الحسن بن احمد الاهوازي شيخا [1] ابي بكر الخطيب الحافظ البغدادي وخلق سواهم لا يحصون كثرة لم أثبت اسماءهم احترازاً من وهم ما واحتياطاً لبعد العهد بروايات تلك الديار. والنعيمي والاهوازي روى عنهما الخطيب ايضا وكذلك روى عن ابي نعيم الاصفهاني الحافظ وقد روى ابو نعيم عن ابي احمد كثيراً وممن روى عن ابي احمد من اقران ابي نعيم ابو بكر محمد بن احمد بن عبد الرحمن الوادعي وعبد الواحد بن احمد بن محمد الباطرقاني وابو الحسن احمد بن محمد بن رنجويه الاصفهانيون وابو عبد الله محمد بن منصور بن جيكان التستري والقاضي ابو الحسن علي بن عمر بن موسى

(١) ق شيخنا

الايذجي وابو سعيد الحسن بن علي بن بحر السقطي التستري وروى عنه ممن هو اكبر من هؤلاء سناً واقدم موتاً ابو محمد خلف بن محمد بن علي الواسطي وابو حاتم محمد بن عبد الواحد الرازي المعروف باللبان وهما من حفاظ الحديث وقد روى عنه الشيخ ابو عبد الرحمن السلمي الصوفي بخراسان بالاجازة وكذلك القاضي ابو بكر بن الباقلاني المتكلم بالعراق وقد وقع حديثه لي عاليا من طرق عدة فمن ذلك ما حكاه [1] رأيتها الان معي في جزء من تخريجي بخطي وهي ما اخبرنا الشيخ ابو الحسين المبارك ابن عبد الجبار بن احمد الصيرفي ببغداد حدثنا الحسن بن علي بن احمد التستري من لفظه بالبصرة حدثنا ابو الحسن بن عبد الله بن سعيد العسكري املاء بتستر حدثنا العباس بن الوليد بن شجاع باصبهان حدثنا محمد بن يحيي النيسابوري حدثنا محمد بن عمرو بن مكرم حدثني عتبة بن حميد قال قال بشر بن الحارث لما ماتت اخته « اذا قصر العبد في طاعة ربه سلبه انيسه ». قال ابو احمد العسكري في كتاب شرح التصحيف من تصنيفه وقد ذكر ما يشكل ويصحف من اسماء الشعراء فقال وهذا باب صعب لا يكاد يضبطه الا كثير الرواية غزير الدراية وقال ابو الحسن علي ابن عبدوس الارجاني رحمه الله وكان فاضلاً متقدماً وقد نظر في كتابي هذا فلما بلغ الى هذا الباب قال لي كم عدة اسماء الشعراء الذين ذكرتهم. قلت مائة ونيف فقال اني لاعجب كيف استتب لك هذا فقد كنا ببغداد والعلماء بها متوفرون (وذكر ابا اسحق الزجاج وابا موسى الحامض

---

(١) لعله حكاية

وابا بكر الانباري واليزيدي وغيرهم) فاختلفنا في اسم شاعر واحد وهو حريث بن محفض [١] وكتبنا اربع رقاع الى اربعة من العلماء فاجاب كل واحد منهم بما يخالف الآخر فقال بعضهم مخفض بالخاء والضاد المعجمتين وقال بعضهم محفص بالحاء والصاد غير معجمتين وقال آخر ابن محفض فقلنا ليس لهذا الا ابو بكر بن دريد فقصدناه في منزله وعرفناه ما جرى فقال ابن دريد اين يذهب بكم هذا مشهور هو حريث بن محفض بالحاء غير معجمة مفتوحة والفاء مشددة والضاد منقوطة هو من بني تميم ثم من بني مازن بن عمرو بن تميم وهو القائل

الم تر قومي ان دعوا لملمة ... اجابوا وان اغضب على القوم يغضبوا

همُ حفظوا غيبي كما كنت حافظاً ... لقوميَ اخرى مثلها ان يغيبوا [١]

بنو الحرب لم تقعد بهم امهاتهم ... وآباؤهم آباء صدق فانجبوا

وتمثل الحجاج [٢] بهذه الابيات على منبره فقال انتم يا اهل الشام كما قال حريث بن محفض وذكر هذه الابيات فقام حريث بن محفض فقال انا والله حريث بن محفض قال فما حملك على ان سابقتني قال لم اتمالك اذ تمثل الامير بشعري حتي اعلمته مكاني. ثم قال ابو الحسن بن عبدوس فلم يفرّج عنا غيره . قال ابو احمد واجتمع يوماً في منزلي بالبصرة ابو رياش وابو الحسين بن لنكك رحمهما الله فتقاولا لكان [٣] فيما قال ابو رياش

---

(١) ذكره ابن قتيبة في كتاب الشعراء (ص٤٠٧) (٢) هذا البيت لم يورده ابن قتيبة وجاء بغيره : والابيات الثلاثة اوردها صاحب خزانة الادب (٢ : ٥١١) (٢) ق الحاج : ورواية ابن عبدوس خرجها صاحب خزانة الادب ايضا (٣) لعله فكان

لابي الحسين انت كيف تحكم على الشعر والشعراء وليس تفرق بين الزفيان والرقبان فاجاب ابو الحسين ولم يقنع ذاك ابا رياش وقاما على شغب وجدال قال ابو احمد فاما الرقبان بالراء والقاف وتحت الباء نقطة فشاعر جاهلي قديم يقال له اشعر الرقبان واما الزفيان بالزاء والفاء وتحت الياء نقطتان فهو من بني تميم من بني سعد بن زيد مناة بن تميم يعرف بالزفيان السعدي راجز كثير الشعر وكان على عهد جعفر بن سليمان وهو الزفيان بن مالك بن عوانة القائل

وصاحبي ذات هباب دمشق　　كانها بعد الكلال زورق [١]

قال وذكر ابو حاتم آخر يقال له الزفيان وانه كان مع خالد بن الوليد حين اقبل من البحرين فقال

تهدى اذا خوت النجوم صدورها　　ببنات نعش او بضوء الفرقد

فقد اخبرنا به ابو الحسين بن الطيوري ببغداد قال حدثنا [٢] ابو سعيد السقطي بالبصرة قال اخبرنا ابو احمد الحسن بن عبد الله بن سعيد بن اسماعيل بن زيد بن حكيم العسكري املاء سنة ٣٨٠ بتستر فذكر مجالس من اماليه هي عندي وقرأت على ابي علي احمد بن الفضل بن شهريار باصبهان عن السقطي هذا فوائد عن ابي احمد وغيره واما الابيات المقصودة [٣] فعندي في اجزاء اذربيجان على نسق لا اذكر موضعها الا ان فيها قصة معناها ان الصاحب ابا القاسم اسماعيل بن عباد بن العباس الوزير كان يتمنى لقاء

---

(١) تفسير الارجوزة يوجد في تاج العروس (٦ : ٣٤٨) (٢) ق -

(٣) لعله « المقصورة »

ابي احمد العسكري ويكاتبه على ممر الاوقات ويستميل قلبه فيعتلّ عليه بالشيخوخة والكبر اذا عرف انه يعرّض بالقصد اليه والوفود عليه فلما يئس منه احتال في جذب السلطان الى ذلك الصوب وكتب اليه حين قرب من عسكر مكرم كتاباً يتضمن علوماً نظماً ونثراً ومما ضمنه من المنظوم قوله

ولما ابيتم ان تزوروا وقلتمُ   ضعفنا فما نقوى على الوَخَدان
اتيناكمُ من بعد ارض نزوركم   على[1] منزل بكر لنا وعوان
نسائلكم هل من قرى لنزيلكم   بملء جفون لا بملء جفان

فلما قرأ ابو احمد الكتاب اقعد تلميذاً له فاملا عليه الجواب عن النثر نثراً وعن النظم نظماً وبعث به اليه في الحال وكان في آخر جواب ابياته التي ذكر على الحال * وقد حيل بين العير والنزوان * وهو تضمين الا ان الصاحب استحسنه ووقع ذلك منه موقعاً عظيماً وقال لو عرفت ان هذا المصراع يقع في هذه القافية لم اتعرض لها وكنت قد ذهلت عنه وذهب عليّ ثم ان ابا احمد قصده وقت حلوله بعسكر مكرم بلده ومعه اعيان اصحابه وتلامذته في ساعة لا يمكن الوصول اليه الا لمثله واقبل عليه بالكلية بعد ان اقعده في ارفع موضع من مجلسه وتفاوضا في مسائل فزادت منزلته عنده واخذ ابو احمد منه بالحظ الاوفر وادرّ على المتصلين به ادراراً كانوا يأخذونه الى ان توفي وبعد وفاته ايضا فيما اظنّ ولما نعي اليه انشد فيه

(١) في وفيات الاعيان « وكم »

قالوا مضى الشيخ ابو احمد وقد رثوه بضروب النُدَبْ

فقلت مامن فقد شيخ مضى لكنه فقد فنون الادَبْ

ثم ذكر السلفي وفاته كما تقدم هذا آخر ما ذكره من خبر ابي احمد هذا كله من كتاب السلفي . ثم وجدت ما انبأني به ابو الفرج بن الجوزي عن ابن ناصر عن ابي زكريا التبريزي وعن ابي عبد الله بن الحسن الحلواني عن ابي الحسن علي بن المظفر البندنيجي قال كنت اقرأ بالبصرة على الشيوخ فلما دخلت سنة ٣٧٩ الى الاهواز بلغني تمحال ابي احمد العسكري فقصدته وقرأت عليه فوصل فخر الدولة والصاحب ابن عباد فبينا نحن جلوس نقرأ عليه وصل اليه ركابي ومعه رقعة ففضها وقرأها وكتب على ظهرها جوابها فقلت ايها الشيخ ما هذه الرقعة فقال رقعة الصاحب كتب الي

ولما ابيتم ان تزوروا وقلتم ضعفنا فما نقوى على الوخدان

مالابيات الثلاثة المتقدمة قلت فما كتبت اليه فى الجواب قال قلت

اروم نهوضاً ثم يثني عزيمتي تعوذ اعضائي من الرجفان

فضمنت بيت ابن الشريد (١) كانما تعمد تشبيهي به وعناني

اهم بامر الحزم لو استطيعه وقد حيل بين العير والنزوان

قال ثم نهض وقال لا بد من الحمل على النفس قال فان الصاحب لا يقنعه هذا وركب بغلة وقصده فلم يتمكن من الوصول الى الصاحب لاستيلاء

---

(١) هو صخر بن عمرو الذي كان من بني الشريد بطن من سليم وابياته مع تفسيرها اوردها صاحب وفيات الاعيان

الحشم فصعد تلعة ورفع صوته بقول ابي تمام

ما لي ارى القبة الفيحاء مقفلة ... دوني وقد طال ما استفتحت مقفلها
كانها جنة الفردوس معرضة ... وليس لي عمل زاكٍ فادخلها

قال فناداه الصاحب ادخلها يا ابا احمد فلك السابقة الاولى فتبادر اليه اصحابه فحملوه حتى جلس بين يديه فسأله عن مسئلة فقال ابو احمد الخبير صادفت فقال الصاحب يا ابا احمد تغرب في كل شيء حتى في المثل السائر فقال تفاءلتُ عن السقوط بحضرة مولانا (وانما كلام العرب سقطت)[١] ووجدت بعد ذلك انه توفي في سنة ٣٨٧ . وحدث ابن نصر قال حدثني ابو احمد العسكري بالبصرة قال كان ابو جعفر المجوسي عامل البصرة رجلاً واسع النفس وكان يتعاهد الشعراء ويراعيهم مثل العصفري والنهرجوري وغيرهم وهم يهجونه وكانا هذان خصوصاً من اوضاعهم وقد رأيت النهرجوري . قال فلما مات ابو الفرج [٢] رثاه النهرجوري بقوله

ياليت شعري وليت ربتما ... صحت فكانت لنا من العبر
هل ارينّ شوثنا وامته ... راكبة حوله على البقر
يقدمهم اربعون لبسهم ... مع حلية الحرب حلة النمر
وانت فيهم قد ابترزت لنا ... كالشمس في نورها او القمر
قد نكحوا الامهات واتكلوا ... على عتيق الابوال في الطهر
وشارفوا والنساء قد ولدت ... غسل مضاريطها من الوضر

(١) يريد ان المثل المستعمل هو على الخبير سقطت (٢) يريد « ابو جعفر »

واصبحوا اشبه البرية بالـــظرف واولى بكل مفتخر

شوشن [١] عند المجوس يجري مجرى المهدي ويزعمون انه يخرج وقدامه اربعون خفساً [٢] على كل منهم جلد النمر فيعيدون دين البور. [٣] قال فقلت يا ابا احمد هذه بالهجاء اشبه منها بالمرثية بكثير. قال هكذا قصد النهرجوري لا بارك الله فيه وقد عاتبته وقلت له ما استحق ابو الفرج [٤] هذا منك فقال ما تعديت مذهبه الذي يعترف به. ووجدت في تاريخ اصفهان من تاليف الحافظ ابي نعيم قال الحسن بن عبد الله بن سعيد ابن الحسين ابو احمد العكبري [٥] الاديب اخو ابي علي قدم اصبهان مراراً اول قدمة قدمها سنة تسع واربعين وقدمها أيضاً سنة اربع وخمسين وكان قدم اصبهان قديماً وسمع من الفضل بن الخصيب وسمع عنه ابي وابن زهير وغيرهما تاخر موته توفي في صفر سنة ثلاث وثمانين

﴿ الحسن بن عبد الله بن سهل بن سعيد بن يحيي ﴾

ابن مهران ابو هلال اللغوي العسكري قال ابو طاهر السلفي وكان لابي احمد تلميذ وافق اسمه اسمه واسم ابيه اسم ابيه وهو عسكري أيضاً فربما اشتبه ذكره بذكره اذا قيل الحسن بن عبد الله العسكري الاديب فهو ابو هلال الحسن بن عبد الله بن سهل بن سعيد بن يحيي ابن مهران اللغوي العسكري. سألت الرئيس ابا المظفر محمد بن ابي العباس الابيوردي رحمه الله بهمذان عنه فاثنى عليه ووصفه بالعلم والفقه معاً وقال

---

(١) لعله سوشن الذي هو اسم رسول في كتبهم (٢) لعله نفساً (٣) لعله النور او النار (٤) يريد ابو جعفر (٥) كذا بالاصل ويظهر انه غير صاحب الترجمة

كان ينزر [1] احترازاً من الطمع والدناءة والتبذل وذكر فيه فصلاً هو في سؤالاتي عنه وكان الغالب عليه الادب والشعر وله في * اللغة كتاب [2] وسمه بالتخيص كتاب مفيد . وكتاب صناعتي النظم والنثر وهو أيضاً كتاب مفيد جداً . ومن جملة من روى عنه ابو سعد السمان الحافظ بالري وابو الغنائم بن حماد المقرئ املاء . وانشدني ابو هلال الحسن بن عبد الله بن سهل العسكري لنفسه

قد تعاطاك شباب وتغشاك مشيب
فأتى ما ليس يمضي ومضى ما لا يؤوب
فتاهب لسقام ليس يشفيه طبيب
لا توهمه بعيداً انما الآتي قريب

ومما انشدنا القاضي ابو احمد الموحّد بن محمد بن عبد الواحد الحنفي بتستر قال انشدنا ابو حكيم احمد بن اسماعيل العسكري انشدناه ابو هلال الحسن بن عبد الله بن سهل اللغوي لنفسه بالعسكر

اذا كان ما لي ما لمن يلقط العجم وحالَي فيكم حال من حاك او حجم
فاين انتفاعي بالاصالة والحجى وما ربحت كفي على العلم والحكم
ومن ذا الذي في الناس يبصر حالتي فلا يلعن القرطاس والحبر والقلم

ومما انشدنا القاضي ابو احمد الحنفي بتستر قال انشدنا ابو حكيم اللغوي قال انشدنا ابو هلال العسكري لنفسه

جلوسيَ في سوق ابيع واشتري دليل على ان الانام قرود

---

(١) لعله يتزر : وفي البغية يتبزز (٢) ق كتاب اللغة

ولا خير في قوم تذل كرامهم ويعظم فيهم نذلهم ويسود
ويهجوهمُ عني رثاثة كسوتي هجاءً قبيحاً ما عليه مزيد

ومما انشدناه ابوغالب الحسين بن احمد بن الحسين القاضي بالسوس قال انشدنا المظفر بن طاهر بن الجراح الاستراباذي قال انشدني ابو هلال الحسن بن عبد الله بن سهل اللغوي العسكري لنفسه

يا هلالاً من القصور تدلى صام وجهي لمقلتيه وصلّى
لست ادري اطال ليليَ ام لا كيف يدري بذاك من يتقلّى
لو تفرغت لاستطالة ليلي ولرعي النجوم كنت مخلّى

هذا آخر ما ذكره السلفي من حال ابي هلال . قال مؤلف الكتاب وهذه الابيات الاخيرة التي منها « لست ادري اطال ليليَ ام لا » والبيت الذي بعده رأيته في بعض الكتب منسوباً الى خالد الكاتب والله اعلم . هذا عن السلفي وذكر غيره ان ابا هلال كان ابن اخت ابي احمد وله من الكتب بعد ما ذكره السلفي: كتاب جمهرة الامثال . كتاب معاني الادب . كتاب من احتكم من الخلفاء الى القضاة . كتاب التبصرة وهو كتاب مفيد . كتاب شرح الحماسة . كتاب الدرهم والدينار . كتاب المحاسن في تفسير القرآن خمس مجلدات . كتاب العمدة . كتاب فضل العطاء على العسر . كتاب ما تلحن فيه الخاصة . كتاب اعلام المعاني في معاني الشعر . كتاب الاوائل . كتاب ديوان شعره . كتاب الفرق بين المعاني [1] كتاب نوادر الواحد والجمع . قال المؤلف

---

(١) زاد في البغية رسالة في العزلة والاستئناس بالوحدة

واما وفاته فلم يبلغني فيها شيء غير اني وجدت في آخر كتاب الاوائل من تصنيفه : وفرغنا من املاء هذا الكتاب يوم الاربعاء لعشر خلت من شعبان سنة ٠٣٩٥ ولبعضهم

واحسن ما قرأت على كتاب — بخط العسكري ابي هلال
فلو اني جعلت امير جيش — لما قاتلت الا بالسؤال
فان الناس ينهزمون منه — وقد ثبتوا لاطراف العوالي

وقال ابو هلال العسكري في تفضيل الشتاء على غيره من الازمنة

فترت صبوتي واقصر شجوي — واتاني السرور من كل نحو
ان روح الشتاء خلّص روحي — من حرور تشوي الوجوه وتكوي
برد الماء والهواء كأنْ قد — سرق البرد من جوانح خِلوِ
ريحه تلمس الصدور فتشفي — وغمایاته (١) تصوب فتروي
لست انسى منه دمائة دجن — ثم من بعده نضارة صحو
وجنوباً يبشر الارض بالقطـ — ـر كما بُشّر العليل ببرءْ
وغيوماً مطرزات الحواشي — بوميض من البروق وخفْوِ
كلما ارخت السماء عُراها — جمع القطر بين سفل وعلْوِ
وهي تعطيك حين هبت شمالا — برد ماء فيها ورقة جوّ
وترى الارض في ملاءة ثلج — مثل ريط لبسته فوق فرْوِ
فاستعار العرار منها لباسا — سوف يمنى من الرياح بنضْوِ
فكان الكافور موضع ترب — وكان الجمان موضع قرْوِ

(١) لعله غماماته

وليالٍ أطلن مدة درسي مثلما قد مددن في عمر لهوي
مر لي بعضها بفقه وبعض بين شعر اخذتُ فيه ونحوِ
وحديث كأنّه عقد ريا[١] بتّ ارويه للرجال وتروي
في حديث الرجال روضة انس بات يرعا باهل نبل وسرو

﴿ الحسن بن عبد الله العثماني ﴾

ابو على النيسابوري ذكره عبد الغافر فى كتاب السياق وقال انه مات فى شهور سنة نيف وسبعين واربعمائة ووصفه فقال هو الامام الكامل البارع في فنه المعجز فى نكته له التصانيف المشهورة فى التذكير والخطب وطرف الاشعار والرسائل والموشحات الغريبة والصناعات البديعة والترصيعات الرشيقة في النظم والنثر بحيث يستفيد منها الاكابر والاماثل ويستضيء بنورها البلغاء في المحافل تفقه على الجوني ثم انتقل الى ناحية بشت وسكنها ووافى بها قبولاً بالغاً فصار مشاراً اليه في عصره تحترمه الصدور . قال وافيت الناحية فرأيت ازدحاماً على قبره في الموسم وتناحراً عليه وكان اكثر ميله الى مقولاته في تصانيفه ومجموعاته نظماً ونثراً دون المنقول

﴿ الحسن بن عبد الرحمن بن خلاد الرامهرمزي ﴾

ابو محمد القاضي ذكره محمد بن اسحاق النديم وقال هو حسن التصنيف مليح التاليف سلك طريقة الجاحظ وكان شاعراً وقد سمع الحديث ورواه مات في حدود ٣٦٠ . قال وله من الكتب كتاب ربيع

(١) لعله راي جمع راية وهى القلادة

المتيم فى اخبار العشاق . كتاب الفلك (١) فى مختار الاخبار والاشعار . كتاب امثال النبي صلى الله عليه وسلم . كتاب الريحانتين (٢) الحسن والحسين . كتاب امام التنزيل فى علم القرآن . كتاب النوادر والشوارد . كتاب ادب الناطق . كتاب الرثي والتعازي . كتاب رسالة السفر . كتاب * مباسطة الوزراء . كتاب المناهل والاعطان والحنين الى الاوطان . كتاب * الفاصل بين الراوي والواعي (٣) . وكان القاضي الخلادي من اقران القاضي التنوخي وقد مدح عضد الدولة ابا شجاع بمدائح وبينه وبين الوزير المهلبي وابي الفضل بن العميد مكاتبات ومجاوبات منها ما نقلته من مزيد التاريخ لابي الحسن محمد بن سليمان بن محمد الذي زاده على تاريخ السلامي في ولاة خراسان . قال حدثني عبد الله بن ابراهيم قال لما استوزر ابو محمد المهلبي كتب اليه ابو محمد الخلادي في التهنئة : بسم الله الرحمن الرحيم الحمد لله مانح الجزيل . ومعود الجميل . ذي المن العظيم . والبلاء الجسيم

الان حين تعاطى القوس باريها ... وابصر السمت في الظلماء ساريها (٤)
الان عاد الى الدنيا مهلبها ... سيف الخلافة بل مصباح داجيها
اضحى الوزارة تزهى في مواكبها ... زهو الرياض اذا جادت غواديها
تاهت علينا بميمون نقيبته ... قلت لمقداره الدنيا وما فيها

---

(١) في الفهرست العلل (٢) في الفهرست الرجحان بين * غير مذكور في الفهرست (٣) زاد الفهرست كتاب الشيب والشباب . كتاب ادب الموائد (٤) هذه الابيات مع جواب المهلبي اوردها الثعالبي في اليتيمة (٣ : ٢٣٣)

موفق الرأي مقرون بغرّته نجم السعادة يرعاها ويحميها
معز دولتها هنئتها فلقد ايدتها بوثيق من رواسيها

تهنئة مثلي من اولياء الوزير اطال الله بقاءه * الدعاء وافضله [١] ما صدر عن نية لا يرتاب بها ولا يخشى مذقها وكان غيب صاحبه افضل من مشهده فهنا الله الوزير كرامته واحلى له ثمرة ما منحه واحمد بدأه وعاقبته ومفتتحه وخاتمته حتى تتصل المواهب عنده اتّصالا في مستقبله ومستأنفه يوفي على متقدمه بمنه . وكتابي هذا ايد الله الوزير من المنزل برامهرمز وانا عقيب علة ومحنة ولولا ذلك لم اتاخر عن حضرته اجلّها الله مهنّئاً ومسلّماً فان رأى الوزير شرفني بجواب هذا الكتاب . فكتب اليه المهلبي جوابه :

بسم الله الرحمن الرحيم وصل كتابك يا اخي اطال الله بقاءك وادام عزك وتاييدك ونعماك المتضمن نفيس الجواهر من بحار الخواطر الحاوي ثمار الصفاء من منبت الوفاء وفهمته ووقع ما اهديته من نظم ونثر وخطاب وشعر موقع الريّ من ذي الغلة والشفاء من ذي العلّة والفوز من ذي الخيبة والاوب من ذي الغيبة وماضاءت بحال الا وانت الاولى بسرورها والاغبط بحبورها اذ كنت شريك النفس في السرّاء ومواسيها في الضرّاء . وتكلفتُ الاجابة عما نظمت على كثرة من الشغل الا عنك وزهد في المطاولة الا فيك والعذر في تقصيرها عن الغاية واضح ودليل العجلة فيها لائح وانت بمواصلتي [٢] بكتبك واخبارك واوطارك مسئول . والجري على عادتك المأثورة وسيرتك [٣] المشكورة مأمول . وانا والله

---

(١) لعله وافضل الدعاء (٢) ق بمواصلتك (٣) ق وتيرتك

على افضل عهدك واحسن ظنك واوكد ثقتك ومشتاق اليك

مواهب الله عندي لا يوازيها سعي ومجهود وسعي لا يدانيها
لكنّ اقصى المدى شكري لانعمه وتلك افضل قربي عند مؤتيها
والله اسأل توفيقاً لطاعته حتى يوافق فعلي امره فيها
وقد اتتنيَ ابيات مهذبة ظريفة جزلة رقّت حواشيها
ضمنتها حسن اوصاف (١) وتهنئة انت المهنى ببا‌ديها وتاليها
ودعوة صدرت عن نية خلصت لا شك فيها اجاب الله داعيها
وانت اوثق (٢) موثوق بنيته واقرب الناس من حال نرجيها
فثق بنيل المنى في كل منزلة اصبحت تعمرها عندي وتبنيها

وكتب ابو الفضل محمد بن الحسين بن العميد الى القاضي ابي محمد الخلّادي : بسم الله الرحمن الرحيم ايها القاضي الفاضل اطال الله بقاءك وادام عزك ونعماك من اسر داءه وسترظاءه بعد عليه أن يبل من غلته وقد غمرني منذ قرأت كتابك الى الشريف ايده الله شوق استجذب نفسي واستفزها ومد جوانحي وهزها ولا شفاء الا قربك ومجالستك ولا دواء الا طلعتك ومؤانستك ولا وصول الى ذلك الا بزيارتك واستزارتك فان رأيت ان تؤثر اخفهما (٣) عليك وتعلمني آثرهما لديك وتقدم (٤) ما البسته في ذلك فعلت فاني اراعيه اشد المراعاة واتطلعه في كل الاوقات واعدّ على الفوز به الساعات . فاجابه الخلادي : بسم الله الرحمن الرحيم قرأت التوقيع اطال الله بقاء الاستاذ الرئيس فشحذ الفطنة وآنس

(١) في اليتيمة ابداع (٢) في اليتيمة اول (٣) ق حقهما (٤) لعله تقوم

الوحدة والبس العزة وافاد البهجة وقلت كما قال رؤبة لما استزاره ابو مسلم صاحب الدعوة

لبيك اذ دعوتني لبيكا احمد ربي سابقاً اليكا

فاما الاجابة عن افصح بيان خط باكرم بنان واوضح للزهر المؤنق مالك لرقاب المنطق فما انا منها بقريب وهيهات أَنَّى لي التَنَاوُشُ مِنْ مَكَانٍ بَعِيدٍ لكني على الاثر ولا اتاخر عن الوقت المنتظر ان شاء الله تعالى . قال وكان ابو محمد الخلادي ملازما لمنزله قليل البروز لحاجته وقيل له في ذلك فروى عن ابي الدرداء نعم صومعة الرجل بيته يكف فيه سمعه وبصره وروى عن ابن سيرين انه قال العزلة عبادة وقال خلاؤك افنى لحياتك وقال عز الرجل في استغنائه عن الناس والوحدة خير من جليس السوء وانشد لابن قيس الرقيات

اهرب بنفسك واستأنس بوحدتها تلق السعود اذا ما كنت منفردا
ليت السباع لنا كانت معاشرة واننا لا نرى ممن نرى احدا
ان السباع لتهدا في مرابضها والناس ليس بهادٍ شرهم ابدا

ثم صار الخلادي الى ابي الفضل بن العميد فلما فتشه شدا[1] منه علماً غزيراً وقبس ادباً كثيراً وقال الخلادي ان اعجب الاستاذ معرفتي صحبته وتعلقت به واقمت عنده و بين يديه وكتب الخلادي الى منزله برامهرمز: بسم الله الرحمن الرحيم قد وردت من الاستاذ الرئيس على ضياء باهر وربيع زاهر ومجلس قد استغرق جميع المحاسن وحف بالاشراف

(١) لعله شاهد

والاكارم وجلساء اقران اعداد عام كانهم نجوم السماء ومن طالبيّ رخو (١) المعاطف وصلب المكاسر جامع الى شرف الحسب ديناً وظرفاً والى كرم المحتد (٢) فرصة (٣) وفضلا وكاتب حصيف وشاعر مفلق وسمير آنق وفقيه جدل وشجاع بطل

كرام المساعي لا يخاف جليسهم ... اذا نطق العوراء غرب لسان

اذا حُدِّثوا لم تخش سوء استماعهم ... وان حَدَّثوا ادّوا بحسن بيان

ووضعنا الزيارة حيث لا يزري بنا كرم المزور ولا يعاب الزور يجدّ الاستاذ عندي كل يوم مكرمة وميرة تطويان مسافة الرجاء وتتجاوزان غايات الشكر والثناء والبشر والدعاء فزاد الله في تبصيره حقوق زواره وتيسيري لشكر مبارّه . قال الثعالبي (٤) ومن ملح ابن خلاد قوله

قل لابن خلاد اذا جئته ... مستنداً في المسجد الجامع

هذا زمان ليس يحظى به ... «حدثنا الاعمش عن نافع»

وقوله وقد طولب بالخراج

يا ايها المكثر فينا الزمجره ... ناموسه دفتره والمحبره

قد ابطل الديوان كتب السحره ... والجامعين وكتاب الجمهره

هيهات لن يعبر تلك القنطره ... نحو الكسائيّ وشعر عنتره

ودغفل وابن لسان الحمره (٥) ... ليس سوى المنقوشة المدوره

ذكر السمعاني في كتاب النسب قال : القاضي ابو محمد الحسن بن عبد

---

(١) ق ارجو (٢) ق المجد (٣) لعله حرمة (٤) يتيمة ٣ : ٢٣٤ (٥) جرى ذكره في الاغاني (١٤ : ١٤٣) وهو معاصر للمغيرة بن شعبة

الرحمن بن خلاد الرامهرمزي كان فاضلاً مكثراً من الحديث ولي القضاء ببلاد الخوز ورحل قبل التسعين ومائتين وكتب من جماعة من اهل شيراز ذكره ابو عبد الله محمد بن عبد العزيز الشيرازي القصار في تاريخ فارس وقال بلغني انه برامهرمز الى قرب الستين وثلاثمائة

﴿ الحسن بن عثمان بن حماد بن حسان بن عبد الرحمن ﴾

ابن يزيد ابو حسان الزيادي البغدادي القاضي من اعيان اصحاب الواقدي وروى عن الهيثم بن عدي وهشيم بن بشير وغيرهما وكان اديباً فاضلاً نسابة اخبارياً جواداً كريماً سمحاً مات سنة ٢٤٢ او ٢٤٣ عن تسع وثمانين سنة مات هو والحسن بن علي بن الجعد في وقت واحد وكان الزيادي حينئذ على قضاء مدينة المنصور وكان الزيادي يصنف الكتب ويصنف له وكانت له خزانة كتب حسنة كثيرة وله من الكتب على ما ذكر محمد بن اسحاق كتاب عروة بن الزبير. كتاب طبقات الشعراء. كتاب الآباء والامهات (١). وقال الحافظ ابو القاسم سمع بدمشق الوليد ابن مسلم وشعيب بن اسحاق وعمر بن عبد الواحد وعمر بن سعيد والوليد ابن محمد الموقري ومعروف بن عبد الله الخياط وهارون بن عمر الدمشقي ومحمد بن اسحاق بن بلال بن ابي الدرداء وسعيد بن عيينة وشعيب بن صفوان وابن عيينة ومعتمر بن سليمان وجرير بن عبد الحميد وحماد بن زيد ووكيع بن الجراح وابا داوود الطيالسي روى عنه ابو العباس الكديمي (٢)

---

(١) زاد صاحب الفهرست كتاب القاب الشعراء (٢) اسمه محمد بن يونس . ذكره في طبقات الحفاظ ٢ : ١٩٣

واسحاق بن الحسن الحربي ومحمد بن محمد الباغندي وابو بكر بن ابي الدنيا . وذكر الجهشيّاري في كتاب الوزراء ان رجلاً من اهل خراسان اودع ابا حسان الزيادي القاضي عشرة آلاف درهم وانها صادفت منه خلة فانفقها وقدّر ان ياتي ما يردّ على الخراساني مكانها الى ان ينصرف الخراساني من الحج فحدث للخراساني امر قطعه عن الحج وعزم على الانصراف الى بلده فصار الى ابي حسان يلتمس ماله فتعلل عليه ودافعه وتحير وضاقت الحيلة عليه وعاد الخراساني مراراً فدافعه ثم وعده في يوم بعينه واشتدّ غمّه وقلقه واجمع على بذل وجهه الى بعض اخوانه فلما كان في ليلة اليوم الذي وعد الرجل فيه امتنع عليه النوم من شدة قلقه فقام في بعض الليل فقصد دينار بن عبد الله فلما صار في بعض الطريق تلقاه رسول لدينار يسئل عن ابي حسان فلما سمع ذكره سأله عن سببه وتعرّف اليه فقال له ابو علي دينار يقرأ عليك السلام و يقول لك قسمت شيئاً على عيالنا وذكرت من في منزلك منهم فوجهت اليهم بعشرة آلاف درهم فقبلها وحمد الله وصار الى منزله فسلمها الى الخراساني وصار الى دينار بن عبد الله شاكراً له وعرفه خبره فقال له دينار فارانا انما وجهنا بمال الخراساني فعلى ما ذا يعتمد العيال وامر له بعشرة آلاف درهم اخرى. وفي سنة ٢١٨ كتب المأمون من الثغر الى اسحاق بن ابراهيم المصعبي والي بغداد (١) في امتحان القضاة والشهود والفقهاء والمحدثين بالقرآن فمن اقرّ انه مخلوق محدث خلى سبيله ومن ابى عليه اعلمه به ليامر فيه برأيه

---

(١) ق من الثغر في

فاحضر اسحاق ابا حسان الزيادي وبشر بن الوليد الكندي وعلي بن ابي مقاتل والفضل بن غانم والذيال بن هيثم (١) وسجادة والقواريري واحمد ابن حنبل وقتيبة وسعدويه الواسطي وعلي بن الجعد وسعد بن ابي اسرائيل وابن الهرش وابن علية الاكبر ويحيي بن عبد الرحمن الرياشي (٢) وشيخاً آخر من ولد عمر بن الخطاب كان قاضي الرقة وابا نصر التمار وابا معمر القطيعي ومحمد بن حاتم بن ميمون ومحمد بن نوح المضروب وابن الفرحان * وجماعة منهم (٣) النضر بن شميل وابو (٤) علي بن عاصم وابو العوام البزاز (٥) وابن شجاع وعبد الرحمن بن اسحاق فادخلوا على اسحاق فقرأ عليهم كتاب المامون مرتين حتى فهموه ثم كلم رجلاً رجلاً منهم فيجيب بما يغالط به او يصرح حتى قال لابي حسان الزيادي ما عندك وقرأ عليه كتاب المامون فاقر بما فيه (٦) ثم قال من لم يقل هذا القول فهو كافر فقال له اسحاق القرآن مخلوق هو قال القرآن كلام الله والله خالق كل شيء (٧) وامير المؤمنين امامنا وبسببه سمعنا عامة العلم وقد سمع ما لم نسمع وعلم ما لم نعلم وقد قلده الله امرنا فصار يقيم حجنا وصلاتنا ونؤدي اليه زكوات اموالنا ونجاهد معه ونرى امامته فان امرنا ائتمرنا وان نهانا انتهينا قال القرآن مخلوق فاعاد مقالته قال اسحاق فان هذه مقالة امير المؤمنين قال قد تكون مقالته ولا يأمر بها الناس وان اخبرتني ان امير

---

(١) عند الطبري (٣ : ١١٢١) الهيثم (٢) عند الطبري « العمري » (٣) ق والنضر (٤) عند الطبري « ابن » (٥) ق مزاز (٦) ق فيها (٧) زاد الطبري « وما دون الله مخلوق »

المؤمنين امرك ان اقول قلت ما امرتني به فانك الثقة فيما ابلغتني عنه . قال ما امرني ان ابلغك شيئاً . قال ابو حسان وما عندي الا السمع والطاعة فامرني آتمر . قال ما امرني ان آمرك وانما امرني ان امتحنكم فتركه والتفت الى احمد بن حنبل فسأله . قال الحافظ ابو القاسم وليس كما يظنه الناس من ولد زياد بن ابيه وانما تزوج اجداده ام ولد لزياد فقيل له الزيادي قال ذلك احمد بن ابي طاهر صاحب كتاب بغداد

﴿ الحسن بن علي بن الحرمازي ﴾

ابو علي هو مولى لبني هاشم ثم مولى آل سليمان بن علي بن عبد الله ابن عباس وانما نزل بالبصرة في بني حرماز فنسب اليهم والحرماز لقب واسمه الحارث بن مالك بن عمرو بن تميم مروء بالبادية نشأ ثم قدم البصرة فاقام بها . وحدث المبرد قال كان التوزي والحرمازي والجرمي يأخذون عن ابي عبيدة وابي زيد سعيد بن اوس الانصاري والاصمعي وكان هؤلاء الثلاثة اكبر اصحابهم وكان من دون هؤلاء في السن ابراهيم الزيادي والمازني والرياشي .قال ابو الطيب اللغوي صاحب كتاب مراتب النحويين كان الحرمازي في ناحية عمرو بن مسعدة فخرج عمرو الى الشام فقال الحرمازي

اقام بارض الشام فاختل جانبي ومطلبه بالشام غير قريب
ولا سيما من مفلس حلف نقرس اما نقرس فى مفلس بعجيب

وحدث ابو العيناء قال اعتلّ الحرمازي وكان له صديق من الهاشميين فلم يعده فكتب اليه

متى ينفك واجبة الحقوق اذا كان اللقاء على الطريق
اذا [1] لم يكن الا سلام فما يرجو الصديق من الصديق
مرضت ولم تعدني عمر شهر وليس كذاك فعل اخ شقيق

وقال الحرمازي وكتب بها الى محمد بن عبيد الله العتبي

بنفسي انت قد جاء ك ما عندي من كتبك
فلا تبعد من الافضا ل ما نرجوه من قربك
فما زلت اخا جود وافضال على صحبك
وسل قلبك عما لـ ك في قلبي من حبك
فقد اخبرني قلبي عما لي في قلبك
واني لك راض بي واني لي راض بك

وكان بعض الهاشميين قد وعد الحرمازي وعداً فاخره فكتب اليه

رأيت الناس قد صدقوا ومانوا ووعدك كله خلف ومين
وعدت فما وفيت لنا بوعد وموعود الكريم عليه دين
الا يا ليتني استبقيت وجهي فان بقاء وجه الحر زين

﴿ الحسن بن علي المدائني النحوي ﴾

قال ابو إسحاق بن ابراهيم بن سعيد الحبال مات لثلاث بقين من جمادى الاولى سنة ٣٧٩ وكان اماماً فاضلاً تخرج به جماعة وافرة العدد

﴿ الحسن بن علي بن عمر ويقال عمار ﴾

المعروف بابن المصحح ابو محمد التيمي النحوي سمع ابا بكر عبد الله

---

(١) لعله اذا ما

الحنائي [1] وابا بكر بن ابي الحديد وابا نصر حديد بن جعفر الرماني روى عنه عبد العزيز الكتاني ونجاء بن احمد وابو القاسم النسيب وسئل عنه فقال ثقة ومات لسبع بقين من رجب سنة ٤٤٤ ذكر ذلك كله ابو القاسم علي بن الحسن بن عساكر في تاريخ دمشق

﴿ الحسن بن علي بن الحسن بن عبد الله بن مقلة ﴾

ابو عبد الله ومقلة اسم ام لهم كان ابوها يرقصها فيقول يا مقلة ابيها فغلب عليها وابو عبد الله هو اخو الوزير ابي علي محمد بن علي وهو المعروف بجودة الخط الذي يضرب به المثل . كان الوزير اوحد الدنيا في كتبه قلم الرقاع والتوقيعات لا ينازعه في ذلك منازع ولا يسمو الى مساماته ذو فضل بارع وكان ابو عبد الله هذا اكتب من اخيه في قلم الدفاتر والنسخ مسلماً له فضيلته غير مفاضل في كتبته ومولد ابي عبد الله في سلخ رمضان سنة ٢٧٨ ومات في شهر ربيع الاخر سنة ٣٣٨ ومات ابوه ابو العباس علي بن الحسن في ذي الحجة سنة ٣٠٩ وله يوم مات سبع وستون سنة واشهر وصلى عليه ابنه ابو علي . ولاخيه ابي علي ترجمة في بابه مفردة لما اشترطنا في ذكر ارباب الخطوط المنسوبة . وكان ابوهما الملقب بمقلة [2] ايضاً كاتباً مليح الخط وقد كتب في زمانهما وبعدهما جماعة من اهلهما وولدهما ولم يقاربوهما وانما يندر الواحد منهم الحرف بعد الحرف والكلمة بعد الكلمة وانما كان الكمال لابي علي وابي عبد الله اخيه . فمن كتب من اولادهما ابو عبد الله وابو الحسن ابنا ابي علي وابو

---

(١) لعله القطان كما هو فى البغية (٢) يعني ابن مقلة

احمد سليمان بن ابي الحسن وابو الحسين علي بن ابي علي وابو الفرج العباس بن علي بن مقلة ومات ابو الفرج هذا في سنة ٣٢١ ومات ابو الحسن علي بالفالج والسكتة في سنة ٣٤٦ ومولده سنة ٣٠٥ . حدث ابن نصر قال وجدت بخط ابي عبد الله بن مقلة علي ظهر جزء وغنتني ابنة الحفار

شكوت الذي القاه من الم الذكرى الى سامع الاصوات من ابعد المسرى
ايشعر بي من بتّ ارعى له الشعرى فياليت شعري والاماني ضلة

قال ابن نصر فقلت كفى ابنة الحفار هذا الصوت ان يذكرها ويكتبه ابو عبد الله بن مقلة بخطه . وحدث ابو نصر قال حدثني ابو القاسم بن الرقي منجم سيف الدولة قال كنت فى صحبة سيف الدولة فى غداة المصيبة المعروفة وكان سيف الدولة قد انكسر يومئذٍ كسرة قبيحة ونجا بحشاشته بعد ان قتلت عساكره قال فسمعت سيف الدولة يقول وقد عاد الى حلب هلك مني من عرض ماكان في صحبتي خمسة آلاف ورقة بخط ابي علي ابن مقلة قال فاستعظمت ذلك وسألت بعض شيوخ خدمه الخاصة عن ذلك فقال لي كان ابو عبد الله منقطعاً الى بني حمدان سنين كثيرة يقومون بامره احسن القيام وكان ينزل في دار قوراء حسنة وفيها فروش تشاكلها ومجلس (١) دست وله شيء للنسخ وحوض فيه محابر واقلام فيقوم ويتمشى في الدار اذا ضاق صدره ثم يعود فيجلس في بعض تلك المجالس وينسخ ما يخف عليه ثم ينهض ويطوف على جوانب البستان ثم يجلس في مجلس

(١) ق مجلس

آخر وينسخ اوراقاً اخر على هذا فاجتمع في خزائنهم من خطه ما لا يحصى. وجدت بخط بعض اهل الفضل عن بعضهم قال: حضرت مجلس ابي علي محمد بن علي بن مقلة في ايام وزارته وقد عرضت عليه رقاع وتوقيعات وتسبيبات * قد روعلى خطه [١] اخوه ابو عبد الله وارتفق عليها فكان ينظر فيها ويمضيها وقد عرف صورتها وكان ابو عبد الله حاضراً فلما [٢] التفت اليه فقال يا ابا عبد الله قد خففت عنا حتى ثقلت وخشينا ان نثقل عليك فا [٣] عن نفسك هذا التعب فضحك ابو عبد الله وقال السمع والطاعة . وقال ثابت بن سنان لما ولي ابو علي ابن مقلة [٤] ديوان الضياع الخاصة وديوان الضياع المستحدثة وديوان الدار الصغيرة وصودر ابو عبد الله في ايام القاهر على خمسين الف دينار بعد ان حلف انه لا يملك الا بساتين وما ورثه من زوجته وقيمة الجميع نحو مائة الف درهم

﴿ الحسن بن علي بن ابراهيم بن يزداد بن هرمز ﴾

ابن شاهوه ابو علي الاهوازي المقرئ صاحب التصانيف المشهورة قال ابن عساكر قدم دمشق في ذي الحجة سنة ٣٩١ وسكنها وقرأ القرآن بروايات كثيرة واقرأه وصنف كتاباً في القرآن وحدث عن خلق كثير منهم نصر بن احمد المرجي وابو حفص الكتاني والمعافا بن زكريا بن طراز وروى عنه الخطيب ابو بكر بن ثابت وغيره . قال ابن عساكر انبأنا ابو

---

(١) لعله « قد رد عليها بخطه » (٢) بياض بالاصل ولعله « فرغ منها » (٣) بياض بالاصل (٤) لعله سقط « الوزارة ولى اخاه ابا عبد الله » وليراجع تاريخ عريب ص ١٣٥

طاهر بن الحنّائي انبأنا ابو علي الاهوازي حدثنا ابو زرعة احمد بن محمد ابن عبد الله بن سعيد القشيري حدثني جدي لامي الحسن بن سعيد حدثنا ابو علي الحسين بن اسحاق الدقيقي حدثنا ابو زيد حماد بن دليل عن سفيان الثوري عن قيس بن مسلم عن عبد الرحمن بن سابط عن ابي امامة الباهلي قال قال رسول الله صلى الله عليه وسلم اذا كانت عشية عرفة هبط الله عز وجل الى السماء الدنيا فيطلع الى اهل الموقف فيقول مرحبا بزواري الوافدين الى بيتي وعزتي لانزلن اليكم ولاساوي مجلسكم بنفسي فينزل الى عرفة فيعمهم بمغفرته ويعطيهم ما يسألون الا المظالم و يقول يا ملائكتي لنشهدكم اني قد غفرت لهم ولا يزال كذلك الى ان تغيب الشمس ويكون امامهم الى المزدلفة ولا يعرج الى السماء تلك الليلة فاذا اسفر الصبح ووقفوا [1] عند المشعر الحرام غفر لهم حتى المظالم ثم يعرج الى السماء وينصرف الناس الى منىً. هذا حديث منكر وفي اسناده غير واحد من المجهولين. وللاهوازي امثاله [2] في كتاب جمعه في الصفات سماه كتاب البيان فى شرح عقود اهل الايمان اودعه احاديث منكرة كحديث ان الله تعالى لما اراد ان يخلق نفسه خلق الخيل فاجراها حتى عرقت ثم خلق نفسه من ذلك العرق مما لا يجوز ان يروى ولا يحل ان يعتقد وكان مذهبه مذهب السالمية يقول بالظاهر و يتمسك بالاحاديث الضعيفة التي تقوي له رأيه وحديث اجراء الخيل موضوع وضعه بعض الزنادقة ليشنع به على اصحاب الحديث في رواياتهم [3] المستحيل فيقبله

(١) ق وقفوا (٢) ق واناله (٣) لعله روايتهم

بعض من لا عقل له ورواه وهو مما يقطع ببطلانه شرعاً وعقلاً . قال الاهوازي ولدت (١) في سابع عشر محرم سنة ٣٦٢ ومات في رابع ذي الحجة سنة ٤٤٦ قال ابن عساكر وسمعت ابا الحسن علي بن احمد بن منصور يحكي عن ابيه قال لما ظهر من الاهوازي الاكثار من الروايات في القرآات اتهم في ذلك فسار رشا بن نظيف وابو القاسم بن الفرات وابن القماح الى العراق لكشف ما وقع في نفوسهم منه ووصلوا الى بغداد وقرأوا على بعض الشيوخ الذين روى عنهم الاهوازي وجاءوا بالاجازات عنهم وبخطوطهم فمضى الاهوازي اليهم وسألهم ان يُروه تلك الخطوط التي معهم ففعلوا ودفعوها اليه فاخذها وغيّر اسماء من سمى ليستر دعواه فعادت عليه بركة القرآن فلم يفتضح وبلغني انهم سألوا عنه بعض المقرئين الذين ذكر انه قرأ عليهم وحكوه له فقال هذا الذي تذكرونه قد قرأ عليّ جزءاً او نحوه . قال وقال حدثني ابي قال عاتبت او عوتب ابو طاهر الواسطي المقرئ في القراءة على الاهوازي فقال اقرأ عليه العلم ولا اصدقه في حرف واحد . قال وحدثني ابو طاهر محمد بن الحسن بن علي بن المليحي قال كنت عند رشأ بن نظيف في داره على باب الجامع وله طاقة الى الطريق فاطلع فيها وقال قد عبر رجل كذاب فاطلعت فوجدت الاهوازي قال وقال ابن الاكفاني قال لنا الكتاني كان الاهوازي مكثراً من الحديث وصنف الكثير في القرآات وكان حسن التصنيف وجمع في ذلك شيئاً كثيراً وفي اسانيد القرآات غرائب كان

(١) ق مات

يذكر في مصنفاته انه اخذها رواية وتلاوة وان شيوخه اخذوها رواية وتلاوة ولما توفي كانت له جنازة عظيمة

﴿ الحسن بن علي بن بركة بن عبيدة ﴾

ابو محمد المقرئ النحوي الفرضي من ساكني الكرخ بدرب رياح مات في ثامن عشر شوال سنة ٥٨٢ وكان فاضلاً قارئاً نحوياً لغوياً فرضياً قرأ القرآن بالروايات على الشيخ ابي محمد بن بنت الشيخ وبالكوفة على عمر بن ابراهيم العلوي وقرأ النحو على ابي السعادات بن الشجري ولازمه حتى برع في فنه وتصدر مدة طويلة لاقراء القرآن والنحو واللغة والفرائض وانشد له العماد في الخريدة شعراً قاله في المستضيء بامر الله امير المؤمنين وهو

يا خير مستخلف عمت نوافله ... وطبق الارض بعد المحل نائله
احيت لنا سيرة المهدي سيرته ... عدلاً وبذلا فما تحصى فواضله
امام حق بعهد الله محتفظ ... وكل شيء حواه فهو باذله
خير الخلائق اضحى لا ينازعه ... منهم امام وان جلت اوائله
فالمصطفى جاء بعد الانبياء وما ... فيهم على فضلهم خلق يعادله

وله في المستضيء ايضاً

هذه دولة تخيرها اللـه ... فدامت لنا سجيس الليالي
دولة روضة رباها وجادت ... من لهاها بوابل متوالي
واستقادت صعب المقادة بالعد ... ل ودانت لها[1] قلوب الرجال

(١) ق له

واضاءت بالمستضيء بامر الـــله لا زال ملكه في اتصال
ملك عم بِره كل بَر وأباح الآمال في الاحوال
واغاث الآمال (١) منه سجال بعد امحالهم عقيب سجال
طبق الارض منه فضل وعدل وكفاها بوائق الزلزال
جعل الله ودكم يابني الـ ـعباس فرضاً من اشرف الاعمال
وعليكم صلاتنا في التحيا ت توالى لانكم خير وال
يا بني عم احمد طاب محيا كم ومن قبلُ طبتم في الظلال

﴿ الحسن بن علي الجويني الكاتب ﴾

ابو علي صاحب الخط المنسوب كان مقيماً ببغداد ولا ادري اوُلد بها ام انتقل اليها لانه لما انتقل الى مصر كان يعرف بها بالبغدادي وكان يلقب فخر الكتاب مات بمصر لعشر خلون من صفر سنة ٥٨٦ سمعت جماعة من اهل الكتابة المتحققين بها يقولون لم يكتب احد بعد ابي الحسن علي بن هلال بن البواب اجود من الجويني وكان استاذه في الكتابة يعقوب الغزنوي كتب عليه ببغداد الا انه ابر عليه وزاد حتى لا يناسب بين خطيهما وكان من شيمة الجويني انه قط ما كتب شيئاً بخطه كثر او قل دق او جل الا ويكتب في آخره « كتبه علي بن الحسن الجويني » وكتب عليه جماعة من الكتاب وافتخروا باستاذيته كابن القيسراني وغيره وكان ينتقل في البلاد حتى حط بركه بالديار المصرية ونفق بها سوقه وعلا على ابناء جنسه قدره وعظم شأنه وارتفع مكانه وكان

(١) لعله « الانام »

مع ذلك لا يترك هيئته وسمته فانه كان يتزيا زي اهل التصوف وبلغ من علو قدره بالديار المصرية الى ان ولي ولده عز الدين ابراهيم ولاية القاهرة بعد ما ولي ولاية اسكندرية مدة وكان محمود السيرة رأيت اهل مصر ممن شاهد ولايته يحسن الثناء عليه وكان ملوكي الهمة شريف النفس اعني عز الدين ابراهيم وكان فخر الكتاب يقول الشعر ويتعاناه الا انه لم يكن فيه (١) بذاك ومن شعره يمدح القاضي الفاضل وهو من اجود شعره

لولا انقطاع الوحي كان منزّلاً … في الفاضل بن علي البيساني
تثني عليه بمثل ما يثني على … افعاله المرضية الملكان

ومن شعره في الزهد

كم كادت الاوطان تشغلنا … بزخارف الدنيا عن الله
حتى تغربنا فكم غِيراً … يقطعن عقل الغافل اللاهي

﴿ الحسن بن علي بن ابراهيم بن الزبير ﴾

ابو محمد المصري اخو الرشيد احمد بن علي وقد تقدم ذكره وكان من اهل اسوان من غسان وكان الحسن هذا لقب القاضي المهذب مات في ربيع الاخر سنة ٥٦١ بمصر وكان كاتباً مليح الخط فصيحاً جيد العبارة وكان اشعر من اخيه الرشيد وكان قد اختص بالصالح بن رزيك وزير المصريين وقيل ان اكثر الشعر الذي في ديوان الصالح انما هو عمل المهذب بن الزبير وحصل له من الصالح مال جمّ ولم ينفق عنده احد مثله وكان القاضي عبد العزيز بن الحباب المعروف بالجليس هو الذي قرظه

(١) لعله « فنه »

عند الصالح حتى قدمه فلما مات الجليس شمت به ابن الزبير ولبس في جنازته ثياباً مذهبة فنقص بهذا السبب واستقبحوا فعله ولم يعش بعد الجليس الا شهراً واحداً وصنف المهذب كتاب الانساب وهو كتاب كبيرا اكثر من عشرين مجلداً كل مجلد عشرون كراساً رأيت بعضه فوجدته مع تحققي هذا العلم وبحثي عن كتبه غايةً في معناه لا مزيد عليه [١] يدلّ على جودة قريحة مؤلفه وكثرة اطلاعه الا انه حذا فيه حذو احمد بن يحيي بن جابر البلاذري واوجز في بعض اخباره عن البلاذري الا انه اذا ذكر رجلاً ممن يقتضي الكتاب ذكره لا يتركه حتى يعرفه بجهده من [٢] ايراد شيء من شعره وخبره . وكان المهذب قد مضى الى بلاد اليمن في رسالة من بعض ملوك مصر واجتهد هناك في تحصيل كتب النسب وجمع منها ما لم يجتمع عند احد حتى صح له تاليف هذا الكتاب وكان اخوه الرشيد لما مضى الى اليمن وادعى الخلافة كما ذكرناه في ترجمته نمي خبره الى المعروف بالداعي فقبض عليه قبضاً لا نعلم كيفيته وهمّ بقتله فكتب المهذب هذا الى الداعي بقصيدته المشهورة يمدحه ويستعطفه حتى اطلقه . والقصيدة

يا ربع اين ترى الاحبّة يمموا ‏ ‏ هل انجدوا من بعدنا ام اتهموا

(بياض بالاصل)

رحلوا وقد لاح الصباح وانما ‏ ‏ يسري اذا جن الظلام الانجم

وتعوضت بالانس روحي وحشة ‏ ‏ لا اوحش الله المنازل منهم

(١) ق – (٢) لعله مع

لو لا هم ما قمت بين ديارهم حيران استاف الديار والثم
امنازل الاحباب اين همُ وايـــن الصبر من بعد التفرق عنهم
يا ساكني البلد الحرام وانما لي الصدر مع شحط المزار سكنتم
يا ليتني في النازلين عشية بمنى وقد جمع الرفاق الموسم
فافوز ان غفل الرقيب بنظرة منكم اذا لبى الحجاج واحرموا
اني لاذكركم اذا ما اشرقت شمس الضحى من نحوكم فاسلّمِ
لا تبعثوا لي في النسيم تحية اني اغار من النسيم عليكمُ
اني امرؤ قد بعت حظي راضياً من هذه الدنيا بحظي منكم
فسلوت الا عنكمُ وقنعت الـــا عنكم وزهدت الا فيكم
ورأيت كل العالمين بمقلة لو ينظر الحساد ما نظرت عموا
ما كان بعد اخي الذي فارقته ليبوح الا بالشكاية لي فمُ
هو ذاك لم يملك علاه مالك كلا ولا وجدي عليه متيم
اقوت مغانيه وعطّل ربعهُ ولربما هجر العرين الضيغم
ورمت به الاهوال همة ماجد كالسيف يمضي عذبه ويصمّم
يا راحلاً بالمجد عنا والعلا أترى يكون لكم الينا مقدم
يفديك قوم كنت واسط عقدهم ما ان لهم مذ غبت شمل ينظم
لك في رقابهم وان هم انكروا منن كاطواق الحمام وانعم
جهلوا فظنوا ان بعدك غنهم (١) لما رحلت وانما هو مغرم
فلقد اقرّ العين ان عداك قد هلكوا ببغيهم وانت مسلم

(١) لعله مغنم

لم يعصم الله ابن معصوم من الـــآفات واخترم اللعينُ الاخرم

واعتضت بعدهم باكرم معشر بدأوا لك الفعل الجميل وتمّموا
فلعمرُ مجدك ان كرمت عليهم ان الكريم على الكرام مكرم
اقيال بأس خيرُ من حملوا القنى وملوك قحطان الذين همُ همُ
متواضعون ولو ترى ناديهمُ ما اُسطعت من اجلالهم تتكلم
وكفاهم شرفاً ومجداً انهم قد [1] اصبح الداعي المتوج منهم
هو بدر تم في سماء علاهم وبنو ابيه بنو رويع انجم
ملكٌ حماه جنة لعفاته لكنه للحاسدين جهنمُ
اثني عليك بما مننت واين من اوصاف مجدك يا مليكا اعظم
فاغفر لي التقصير فيه وعدّه مع ما تجود به عليّ وتنعم
مع انني سيرت فيك شوارداً كالدرّ بل ابهى لدى من يفهم
تعدوا وهوج الذاريات رواكد وتبيت تسري والكواكب نوّم
واذا المآثر عدّدت في مشهد فبذكرها يبدا المقال ويختم
واذا بدا الراوون ان [2] يحكوا بها صلى عليك السامعون وسلّموا
وكفى برأي امام عصرك ناقضاً ما احكم الاعداء فيك وابرموا

وانشدني ابو طاهر اسماعيل بن عبد الرحمن الانصاري المصري بمصر في سنة ٦١٢ قال انشدني ابو محمد الحسن بن علي بن الزبير مطلع قصيدة

اعلمت حين تجاور الحيان ان القلوب مواقد النيران
وعلمت ان صدورنا قد اصبحت في القوم وهي مرابض الغزلان

---

(١) ق ان (٢) ق ـ

وعيوننا عوض العيون امدّها　　ما غادروا فيها من الغدران
ما الوجد هزّ قناتهم بل هزّها　　قلبي لما فيه من الخفقان
وتراه يكره ان يرى اظعانهم[١]　　فكانّما اصبحت في الاظعان

وكان لما جرى لاخيه الرشيد ما جرى من اتّصاله بالملك صلاح الدين يوسف بن ايوب عند كونه محاصراً بالاسكندرية كما ذكرناه في بابه قبض شاور على المهذب وحبسه فكتب الى شاور شعراً كثيراً ليستعطفه فلم ينجع حتي التجأ الى ولده الكامل ابي الفوارس شجاع بن شاور ومدحه باشعار كثيرة وهو في الحبس حتى قام بامره واستخرجه من حبسه وضمّه اليه واصطنعه فمن ذلك قوله من قصيدة

يا صاحبي سجن الخزانة خلّيا　　نسيم الصبا ترسل الى كبدي نفحا

(بياض بالاصل)

فان تحبساني في النجوم تجبرا　　فلن تحبسا مني له الشكروالمدحا

وكتب اليه

وما كنت اخشى قبل سجنكما على　　دموعيَ ان يقطرن خوف المقاطر
ومالي من اشكو اليه اذاكما　　سوى ملك الدنيا شجاع بن شاور

ومما قاله فيه وهو لعمري من رائق الشعر وجيّده

اذااحرقت في القلب موضع سكناها　　فمن ذا الذي من بعد يكرم مثواها
وان نزفت ماء العيون لحرها　　فمن اي عين تامل العيس سقياها
وما الدمع يوم البين الا لآلئ　　على الرسم في رسم الديار نثرناها

(١) ق اضغانهم

وما اطلع الزهر الربيع وانما رأى الدمع اجياد الغصون فحلاّها
ولمّـا ابان البين سرّ صدورنا وامكن فيها الاعين النجل مرماها
عددنا دموع العين لما تحدرت دروعاً من الصبر الجميل نزعناها
ولما وقفنا للوداع وترجمت لعيـنيّ عمّا في الضمائر عيناها
بدت صورة في هيكل فلو أننا ندين باديان النصارى عبدناها
وما طرباً صغنا القريض وانما جلا اليوم مرآة القرائح مرآها
وليلة (١) في ظلام شبيبتي سراي وفي ليل الذوائب مسراها
تأرّج ارواح الصبا كلما سرى بانفاس ريا آخر الليـل رياها
ومهما ادرنا الكأس باتت جفونها من الراح تسقينا الذي قد سقيناها
ولو لم يجد يوم الندى في يمينه لسائله غير الشبيبـة اعطاهـا
فيا ملك الدنيا وساس (٢) اهلها سياسة من قاس (٣) الامور وقاساها
ومن كلّف الايام ضدّ طباعها فعاين اهوال الخطوب فعاناها
عسى نظرة تجلو بقلبي وناظري صـداه فاني دائماً اتصداها

وحدثني الشريف ابو جعفر محمد بن عبد العزيز الادريسي ان السبب في حبسه كان انه كاتب شيركوه الملقب باسد الدين وهو نازل على بلبيس بعساكره في محاربة شاور فلما رحل اسد الدين عن بلبيس وجدت

(بياض) لخدمة كان قدمها له

(بياض)

يجور على العشاق والعدل دأبه ويقطعني ظلما وصنعته الوصل

(١) بياض بالأصل (٢) ق سائر (٣) ق ساس

ومن شعره ايضاً

ولئن ترقرق دمعه يوم النوى ... في الطرف منه وما تناثر عقده
فالسيف اقطع ما يكون اذا غدا ... متحيّراً في صفحتيه فرنده

ومنه ايضاً

لقد طال هذا الليل بعد فراقه ... وعهدي به قبل الفراق قصير
فكيف ارجّي الصبح بعدهم وقد ... تولّت شموس بعدهم وبدور

ومنه ايضاً

يعنفني من لو تحقق ما الهوى ... لكان الى من قد هويت رسولي
بنفسيَ بدر لو رآه عواذلي ... على الحب فيه فاد كل عذول

ومنه ايضاً

اقصر فديتك عن لومي وعن عذلي ... اولا نخذ لي اماناً عن ظبا المقل
من كل طرف مريض الجفن ينشدني ... « يارب رامٍ بنجد من بني ثعل »
ان كان فيه لنا وهو السقيم شفا ... فربّما صحت الاجسام بالعلل

وقال يرثي صديقاً له وقد وقع المطر يوم موته

بنفسي من ابكى السماوات فقده ... بغيث ظنّنّاه نوال يمينه
فما استعبرت الا اسىً وتاسفاً ... والا فما ذا القطر في غير حينه

وله ايضاً

لا ترج ذا نقص ولو اصبحت ... من دونه في الرتبة الشمس
كيوان اعلى كوكب موضعاً ... وهو اذا انصفته نحس

وله ايضاً

فدع التمدّح بالقديم فكم عفا   في هذه الآكام قصر دائر
ايوان كسرى اليوم عند[1] خرابه   خير لعمرك منه خص عامر

﴿ الحسن[2] بن علي بن ابي سالم المعمر بن عبد الملك بن ناهوج ﴾

الاسكافي الاصل البغدادي المولد والدار ابو البدر بن ابي منصور من اهل باب الازج احد الكتاب المتصرفين في خدمة الديوان الامامي هو وابوه وكان فيه فضل وادب بارع وعربية وتصرف في فنونها ويكتب خطا على طريقة ابي علي بن مقلة قلّ نظيره فيه وله خصائص ولقي المشايخ وصنف عدّة تصانيف في الادب حسنة وتنقل في الولايات الى ان رتب مشرفاً بالديوان العزيز في سادس شهر رمضان سنة ٥٨٦ فكان على ذلك الى ان عزل في سابع ذي الحجة سنة ٨٨ وكان صحب ابا محمد بن الخشاب النحوي وقرأ عليه وبحث معه وعلّق عنه تعاليق وكتباً واختيارات ونظماً ونثراً تدلّ على قريحة سالمة ونفس عالمة تقلل النظير وتؤذن بالعلم الغزير .

ومما بلغني من شعره

وعلى الكثيب مخمر من تيهه   كالبدر من حسن وليس بآفل
حجبوه بالبيض القواصل ما دروا   من حسنه وسيوفهم كالقاصل
رشأ كانّ لحاظه مطرورة   قذفت بها غرضا حمية[3] نابل
فكانّ سحر بلاغة في لفظه   اخذ يعقدها نوافث بابل

وكان خرج من بغداد حاجاً في سنة ٥٨٩ او نحوها فجاور بمكة ثم صار منها

(١) ق في (٢) يظهر مما يجيء انه المعروف بالحسن القطان (٣) لعله حنية .

الى الشام واقام بحلب مدة ثم انتقل الى مصر فسكنها الى ان مات بها في ثامن عشر رمضان سنة ٥٩٦ عن سبع وستين سنة ودفن بالقرافة وحدث بذلك ابنه ابو منصور علي . وقرأت بخط ابن ابي سالم الذي لا ارتاب به ما صورته : نسخة كتاب كتبته الى القاضي الفاضل عند قدومي من الحجاز الى مصر في جمادى الاخرة سنة ٥٩٢ : لوكانت المودات(اطال الله بقاء المجلس السامي في نعمة خصيبة المرتع . وعيشة عذبة المنبع . وادام علاه في سعادة لا تتطرق الى ضافي بردها السابغ حوادث الاقدار . ولا يتطرق صافي وردها السائغ بحوادث الاكدار . وحرس مواهبه لديه مالزم السكون اول المشددين. ولا زالت ثاوية بجنابه حتى يلتقي المخففان من كلمتين . ولا فتئت منح التوفيق مصاحبة له ما اشتبه الذاتي بالعرض اللازم.وذم المفرط امره واحمده الحازم). لايقرع ابوابها . ولا يتدرع زينة لبوسها واثوابها . الا عن معرفة في المشاهد سابقة . او مانة[1] قائدة . او ذريعة سائقة (بياض)

التعاضد والتظافر (بياض)

(بياض)

سابق للصفة وانما للنفوس سرائر اهواء تحن الى التداني وان تباعدت الشعوب وتنازحت الديار . كما لتباينها اسباب تتنافر من اجلها وان تقاربت الانساب وتناوحت المقارّ . والفضائل الفاضلية القريرة . والمناقب الشهيرة . التي قد سار ذكرها في الآفاق سير القمر . وعطل مزيتها مرويّ السِيَر .

(١) لعله « مادة »

وتليت محاسنها كما يتلى السُوَر . وصار الفوز بمناسمة رياها من افضل ما اسفر عنه سفر . ولو عاينها الصدر الاول لمدح في دراستها السهر . وما جدب السمر . فلا غرو ان تحنّ النفوس الى محلّ كمالها ومأوى توافر اضدادها[١] التي انفرد بجمالها . ومثوى مواهبها التي هبطت اليه من المحلّ الارفع لما سمّي لها وسما لها . ومن هوامينها . المصدق لظنونها ويمينها اذا كان غيره يمينها . وشمالها . وقد زادها افراط حسن التبيان . فلله در ذلك البيان . فلكم استفاءت حجته الى امر الله من الطوائف والفرق . وكم قص كتابه من كتائب الضلال وفرق . (ثم ذكر وصف بلاغته بما اطال فيه ووصف البحر الذي ركبه حتى خلص الى مصر ثم قال) : وقد ارسل هذه الخدمة مستخرجة للاذن في الحضور والتشرف بميمون اللقاء وان زاحم به اوقات الطاعات ومواقيت الاذكار . وشغل على اختصاره عن شئ من المهامّ والاوطار . فللمتوكل[٢] لنفسه ان يدّعي انّ في ذلك ضرباً من ضروب البرّ . فانه قد اصبح ولله الحمد في هذا الطرف لقاطنيه وطارقيه كالاب البر . والمنشود من الاريحية الكريمة اكرام مثوا خدمته وتلقيها بما يزيل عنها انقباض الغريب ووحشته . وحيرة القادم ودهشته . فعنده حياء طبيعي لعلة متجاوزة للقدر المحدود غذيت به طفلا فان رمت غيره عصاني واغرتني به الفة المهد . وكتب اليه بعد الحضور عنده رقعة منها : وحضر الشيخ النفيس وصحبته ما قابل كريم الاهتمام الذي صدر عنه من الادعية والاثنية بما لا يزال مواليه ويرفعه ويهديه ولقد اخجله ان يري

---

(١) لعله « اصفادها » (٢) ق وللمتوكل

نفسه في صورة متقل . او يرى بعين غير موحد في دين هواه متنقل ومقترحه ان يخص من حسن الرأي العالي بشعار يبهج ولا ينهج . ويشرع له سبيلاً في الفخر وينهج . وان يشير باسطر بالخط الكريم يفوق المال ويبقي الجمال . فابقى السمات ما خطته يمينه . واثبت الصفات ما دل عليه تزيينه . وازكى الشهادات ما تطوع به كرمه . واعطر رياض الحمد ما انبته دِيَمُه . وقد حصل الخادم بين نزاع يحضه على حضور الخدمة وينشطه وخوف ابرام يقبضه ويثبطه . وقد ترجم عن حاله هذه بابيات الشاعر ابي عبدالله وهي

حالة قد حصلتُ للخوف منها　　حول دار الاستاذ في عشواء
ان تاخرّت او تقدمت فيها　　ساء ظني في الموضعين برآئي
لست ادري من الضلال اقدّا　　مي خيرٌ في ذاك ام من ورائي
اوثر الخدمة التي توثر اسمي　　عندكم في جريدة الاولياء
ثم اخشى اني اعدُّ اذا جئـــت من المبرمين والثقلاء
قد تحيرت فاجعلوا انتم اسمي　　حيث شئتم من هذه الاسماء

ومن خطه : ومن عبث الخاطر و ،وسه ابيات تشرفت[١] فيها الحجاز بعد مجاورتي بالحرم الشريف بمكة قدسها الله سنة اثنتين او ثلاث وسبعين وهي

خليليّ هل يشفي من الوجد وقفة　　بخيف منى والسامرون هجوع
وهل لليلات[٢] المحصب عودة　　وعيش مضى بالمازمين رجوع
وهل سرحة بالسفح من ايمن الصفا　　رعت من عهودي ما اضاع مضيع

(١) لعله تشوقت (٢) لعله لليالٍ بالمحصب

وهل قوضت خيم على ابرق الحمى   وما ذاك من غدر الزمان بديع
وهل تردن ماء بشعب ابن عامر   حوائم لو يقضى لهن شروع
وما ذاك الا عارض من طماعة   له بقلوب العاشقين ولوع
واني متى اعص التجلد والاسى   فللشوق مني والغرام مطيع
فيا جيرتي اذ للزمان نضارة   وعودي نضار والخيام جميع
بنعمان والايام فينا حميدة   ووادي الهوى للنازلين مريع
وما ازمع الحي اليمانون نية   ولا ريع بالبين المشت مروع
كفى حزناً اني ابيت وبيننا   من البيد معد (١) الفجاج وسيع
اعالج نفساً قد تولى بها الاسى   وطرفاً يجف المزن وهو هموع

ومن خطّه ايضاً : بيتان صدرت بهما كتاباً في هذه الرقعة الى بعض الاخوان بمكة حرسها الله تعالى

الا قل لجيران الصفا ليت داعي الـ   ـتفرق اعمى يوم راح مناديا
لعمري لقد ودّعت يوم وداعكم   بشعب المنقى شعبة من فواديا

ومن خطه رسالة كتبها الى الفاضل ايضاً يسأله شيئاً من رسائله قال في آخرها : فصار مثل هذه العوارف التي اقتصر في ذكرها على الايماء وقوفا مع مجتد سيدنا (اطال الله بقاءه مبسوط اليد في عباد الله بالفرض . مقرضاً له عناء همه فيهم احسن القرض . منجزاً لهم ما وعد وَأَمَّا مَا يَنفَعُ النَّاسَ فَيَمْكُثُ فِي الْأَرْضِ) . عند الخادم ومثله كالبيت من القريض قبل القافية . والمريض الذي مطلته الايام بالعافية . فلا يكمل ذلك ولا يروق .

(١) كذا بالاصل

ولا يتطرب به المشوق . ولا يترنم به الكئيب . ولا يتسلى به الغريب . دون تمامه . وتكافي اجزاء نظامه . وعبقه بمسك ختامه . ولا يحس هذا بلذة على الحقيقة وان شرفت حتى يجد روحه روح الشفاء فيدرك مزيتها بطرق الصحة ومروءتها بحاسة سمعها . وتساعفه الاقدار بتكميلها لك وجمعها .

وما اسفي الا عليها فانني بقرطاسها لا بالدنانير اكلف
فجد لي بما اهواه منها فانني سالحف في استيهابها واكلّف
وما هذه الاهواء الا غرائز قبيح لدى نقادها المتكلف

وان كان الخادم عن حال من شرف بهذا من افنا[1] الناس . ولم[2] يكمل بعدته الاستئناس . فليس له ان يكون معترضاً . ولا ان يتلقى ذلك بغير التسليم والرضى . فان الخدمة السامية هى التي يبين لديها الاقدار . وبافعالها تترتب المنازل وتتفاوت الاخطار . وكنت عند كوني بمرو عرض عليّ شيخنا فخر الدين ابو[3] المظفر عبد الرحيم بن تاج الاسلام ابي سعد السمعاني تغمدهما الله برحمته جزءاً يشتمل على رسائل للحسن القطان الى الرشيد الوطواط محشوّة بالسب له والثلب تصريحاً لا تعريضا ويلزمه الحجة في انه نهب كتبه وسلبه نتيجة عمره ويستحسب الله عليه وضاق نطاق الزمان من تحصيلها وكتبها وقلت

وكم منية خلفت خلفي وبغية ومن حاج نفس حال من دونها الترك
اذا ذكرتها النفس حنت وارزمت وودت لفرط الوجد ادركها الفتك

(١) لعله من اغنى (٢) ق اولم (٣) ق ابي

سلام على تلك الديار وقدست نفوس بمثواها ثوى العلم والنسك

وبقيت نفسي اليها متطلعة والى مكنونها متلفتة . فظفرت برسائل الرشيد محمد بن محمد بن عبد الجليل العمري البلخي المعروف بالوطواط متضمنة لاجوبة يدل آخرها على اضراب [١] القطان عن تهمته والاذعان [٢] بابراء ساحته [٣] . نسخة الرسالة الاولى : [٤] بسم الله الرحمن الرحيم قرع سمعي من افواه الواردين والسنة الطارئين على خوارزم ان سيدنا ادام الله فضله انه كلما يفرغ من مهمات نفسه . ووظائف درسه . يقبل بمجامعه على اكل لحمي . والاطناب في سبي وشتمي . وينسبني الى الاغارة على كتبه . ويبالغ في هتك استار الكرم وحجبه . اهذا يليق بالفضل والمروءة . او يجمل بالكرم والفتوة . ان يفتري على اخيه المسلم . بمثل هذا الكذب المقلق والبهتان المؤلم . والله اذا نفخ في الصور . يوم النشور . وبعثت هذه الرمم * البالية . من الاحداث متدرعة ملابس (من دون خلاء)

الحياة الثانية . وجمعت عباد الله في مواقف العرصات وتطايرت صحائف • الاعمال الى اربابها وسئلت كل نفس عما كسبت [٥] فمن مسيء يسحب على وجهه الى النار ومن محسن يحمل على اعطاف الملائكة الى الجنة لم يتعلق في ذلك المقام الهائل احد بذيلي طالبا مني ملكا غصبته ولا مالا نهبته او دماً سفكته او ستراً هتكته او شخصاً قتلته او حقاً ابطلته وها انا قد

---

(١) ق اضطراب (٢) ق الادمان (٣) ق حاسته (٤) طبعت في الجزء الثاني من مجموعة رسائل رشيد الدين الوطواط (مصر ١٣١٥ ص ١٨) (٥) بياض بالاصل سددناه من المجموعة

آتاني الله من الوجه الحلال قريباً من* الف مجلد من الكتب النفيسة والدفاتر الفائقة والنسخ الشريفة ووقفت كلها على خزائن الكتب المبنية في بلاد الاسلام عمرها الله لينتفع المسلمون بها ومن كانت عقيدته هكذا كيف يستجيز من نفسه ان يغير على كتب امام من شيوخ العلم انفق جميع عمره حتى حصل اوراقا [١] يسيرة لو بيعت في الاسواق لما احضر ثمنها مائدة لئيم الله الله لا يفترين [٢] سيدنا ادام الله فضاه فافتراء الكذب على مثلي ذنب يتعثر في اذياله يوم القيامة وليخافن الله الذي لا اله الا هو وليتذكرن يوم يثاب الصادق فيه على صدقه ويعاقب الكاذب على كذبه والسلام . فورد على الرشيد جواب عن هذه الرسالة يكون في نحو كراستين يغلظ له في القول ويصرح فيه بالسب والتهمة فكتب اليه الرشيد : بسم الله الرحمن الرحيم ورد كتاب سيدنا اطال الله بقاءه في دولة مفترة المباسم . ونعمة متجددة المراسم . مشتملاً من الايذاء*والايحاش. والابذاء [٣] والافحاش . على كلمات . بل على ظلمات . لو اطفأ ادام الله علوه بعض لهبه . وسكن نائرة غضبه . ثم عاد اليه متصفحاً لالفاظه ومعانيه. متفصحاً عن مقاطعه ومبانيه . لما ارتضى ذلك من دينه وعقله . ولما استحسنه من كرمه وفضله . الا اني اعذره فيما قال . قصر كلامه او طال . لعلمي انه ادام الله علوه مسلوب . مغلوب . جريح اسنة القهر . طريح صدمات الدهر . عضته انياب النوائب . وخدشته اظفار المصائب . نهبت

---

(١) في المجموعة او يراقاً (٢) في المجموعة (يقترفن ... بافتراء) ذنباً (٣) المجموعة -

كتبه وامواله . وغصبت رحاله* واثقاله . [١] وطالب الثأر* يقصد كل راجل وفارس . وصاحب الضالة يتّهم كل قائم وجالس . ولقد علم سيدنا ادام الله علوه ان وقعة مرو عمرها الله كانت واقعة عامّة شملت كل جبهة وحافر . وطبقت كل صائح وصافر . وكان قد لحقت في ذلك الوقت بعسكر خوارزمشاه من طبقات الناس اوزاع واخياف . ومن حشرات الارض انواع واصناف . قصارى همهم القتل والاغارة . ومنتهى اربهم الاحراق والابارة . واوباش مرو ايضا كانوا يخرجون من مكامنهم [٢] في الليالي . ويتعرضون لبيوت السادات والموالي . فليس بمستبعد ان يكون ظفر بكتبه من أولئك الاقوام احد لا يعرف شانه . ولا يعلم مكانه . اما انا فالله تعالى يعلم وقد خاب من استشهده باطلاً اني ما فتحت للاغارة بابه . ولا نهبت كتابه . بل ذهبت يوماً على مقتضى اشارته الكريمة لاحمل كتبه الى المعسكر [٣] * فلما دخلت داره الرفيعة ورأيت كتباً كثيرة فوق ما يحيط به عد . او يشتمل عليه حد . فقلت نقل هذه امر مشكل . وحمل هذه خطب معضل . فتركتها بحالتها في اماكنها . وخليتها برمتها في معادنها . وخرجت كما دخلت خالي الحقائب . فارغ الزكائب . فان كنت غصبت يوم وقعة مرو او قبلها او بعدها من كتبه ادام الله علوه كتاباً او جزءاً او دفتراً او من سائر امواله شيئاً صغر او جل . كثر او قل . او رضيت ان يغصبه احد من اتباعي والمنتمين اليّ . او عرفت غاصباً غصبه . او ناهباً نهبه . فاخفيت ذلك عنه . او كتمته منه . فانا بريء من

---

(١) ق ـ (٢) المجموعة مكانهم (٣) المجموعة العسكر

شيئاً مما ذكرت او [1] الله وهو بريّء مني وان كنت فعلت بنفسي رضيت ان يفعله احد من المتعلقين بي اوعرفت فاعلاً فعله فعليّ لله أن احج بيته المعظم المكرم راجلاً حافياً وعلى عاتقي الزاد والمزادة [2] عشر مرات وان كنت فعلت شيئاً من ذلك او رضيت ان يفعله احد من المتعلقين بي اوعرفت فاعلاً فعله فكل مال ملكته يميني * فهو في سبيل الله [3] على مساكين الحرمين وان كنت فعلت شيئاً من ذلك او رضيت ان يفعله احد من المتعلقين بي او عرفت فاعلاً فعله فكل عبد ملكته او املكه فهو حر وان كنت فعلت شيئاً من ذلك او رضيت ان يفعله احد من المتعلقين بي او عرفت فاعلاً فعله فكل امرأة تزوّجتها أو أتزوجها فهي طالق مني ثلاث طلقات [4] هذه الأيمان والنذور كتبتها ببناني . وأجريتها على لساني . لا خوفاً من غوائله . ولا هرباً من حبائله . فان الصلح آمن أهله . والاسلام جبّ ما قبله . ولكن اظهاراً لخلوّ راحتي . وبراءة ساحتي . وشفقة عليه ادام الله علوّه وصيانة لفاضل مثله الذي لا مثيل له في اقطار الشرق والغرب واقاصي البر والبحر ان يسلك طريقة غير مستصوبة . ويختار شريعة غير مستعذبة . عصمنا الله واياه مما يورث ذماً . ويعقب اثماً . وقد بعثت في قران هذه الخدمة خدمة اخرى مفرطة في الطول . مجررة [5] الذيل . منسوجة على منوال آخر كالكي للداء اذا استحكمت شدته . وتطاولت مدته . وعجز الاساة عن

---

(١) هذا الموضع كثير البياض في الاصل وسددنا الخلل من المجموعة (٢) في المجموعة المزود (٣) في المجموعة فهو سبيل (٤) في المجموعة تطليقات (٥) ق محبرة

معالجته . والاطبّاء عن مداواته . وهديته ادام الله علوه فيهما النجدين . واريته الطريقين . ودفعت عنان الاختيار اليه . (١) ووضعت زمام الايثار في يديه . ليسلك منهما ما يشاء . اما ما يسر ٭ به واما ما يساء . (٢) وفقه الله للاصوب والاصلح . واسعده بالارشد والانجح . وجعله من الصالحين المصلحين . والفائزين المفلحين . والسلام . وكتب اليه مع الكتاب المتقدم ذكره : بسم الله الرحمن الرحيم صادفني اطال الله بقاك في دولة مشرقة الكواكب ونعمة هاطلة السحائب . وسلامة طيبة المشارع والمشارب . خطابه الكريم وكتابه الشريف بخوارزم وانا ناعم البال . منتظم الحال . من النفس في دعة . ومن العيش في سعة . والحمد لله على ذلك وبه الثقة (٣) والحَوْل . وله المنة والطَوْل . وحين تنسمت من يد حامله رياه . وثبت من مكاني (٤) مستقبلاً اياه . ومددت اليه يميني مد معز (٥) مكرم . واخذته بطرف كمي اخذ مجل معظم . وقلت في نفسي كرامة ساقها الله تعالى اليّ . وسعادة القت انوارها عليّ . وارسلت في الحال قاصداً الى ذروات (٦) الاشراف وسروات الاطراف . وبعثت في الساعة مسرعاً الى رجالات الاخبية والابنية . وساكنة الاباطح والاودية . ودعوت من كل حلة رئيسها وزعيمها . ومن كل خطة كبيرها وعظيمها . حتى اجتمع عندي البدوي والحضري . واحتشد في ربعي الرَبَعِي والمضري . ثم عرضت عليهم كتابا شريفاً بختمه وحنيت (٧) ظهري لتقبيله ولثمه . وطلبت

---

(١) ق ـ (٢) ق ـ (٣) في المجموعة القوة (٤) ق مكانه (٥) بياض في الاصل (٦) ق دارات (٧) بياض في الاصل

خطيباً مصقعا من بلغاء بني معدّ صحيح اللسان . فصيح البيان . و وضعت له في منزلي منبراً من الساج . مغشياً بالدرر والديباج . ليصعد به ذرى الاعواد . ويقرأه على رؤوس الاشهاد. فرفع الكل اصواتهم [(١)] يمنة ويسرة. وسألوني خفية وجهرة . ما هذا الذي تظهره لنا وتعرضه . وتوجب علينا سماعه وتفرضه . فقلت كتاب لم تلمح عين [(٢)] الزمان بمثله . ولم تسمح يد الزمان بشكله . كتاب امام هو في العلم صاحب آيات . وفي الفضل سابق غايات . امام تطلع نجوم الجوّ دون قدره . وتحسد رياض الخلد اطايب صدره . كتاب امام تم به حساب العلماء . كما تم برسول الله صلى الله عليه وسلم حساب الانبياء . صحيفة نحر حررتها يد بيضاء . وقلادة مجد رصعتها همة روعاء . ونشرت من معالي سيدنا أدام الله علوه ومفاخره . وذكرت من مناقبه ومآثره [(٣)] . ما امتلأ بنشره النادي . وسال من ذكره الوادي . فسكنوا وسكتوا . وانصفوا وانصتوا . فلما فضضت ختامه وحدرت لثامه . شاهدت في أثنائه من الفزع الاكبر. وعاينت في ادراجه من اهوال يوم المحشر . ما اطال السهاد . واطار الرقاد . وشق جلباب الصبر ومريطاء الجلد . وجرح سواد العين وسويداء الخلد . حسبته حلة خسروانية . فوجدته حربة هندوانية . كتاب لا بل كتائب تفل كل جيش . وخطاب لا بل [(٤)] خطوب تكدر كل عيش . وكَلام . لا بل في الاضالع كِلام . وفصول . لا بل في الجوانح نصول . واسجاع مؤنقة . لا بل اوجاع موبقة . كأنه نازلة الدهر . وقاصمة الظهر . كأنما الفاظه انياب

---

(١) ق ـــ (٢) ق يحكمه (٣) ق مفاخره (٤) ق بل كل

الاراقم . ولمعانيه اظفار الضراغم . هو أدام الله علوه دفّاع الامراض بطبّه . فلم امرضني بفضائح سبّه . ونطاسي الجراح بعلمه . فلِم جرحني بقبائح ظلمه .

ومن ارجي شفاء السقام * ومسقمتي جفوات الطبيب (١)

ما هذا الانذار والايعاد . وما هذا الابراق والارعاد . كأنه صاحب دلدل . (٢) وفارس بلبل . اوكأنه من اقيال اليمن . وابطال الزمن . اوكأنه ثعبان الحرب . وشيطان الطعن والضرب . وذكر البول . اولى به من ذكر الهول . وحديث البراز . اولى به من حديث البراز

ان للهجر رجالا ورجالا للوصال (٣)

قال ادام الله علوّه مصصت دمي من عرقي أو ليس يدري ان امتصاص الدماء من خصائص بضاعته . والتصرف في اللحوم والعظام من لوازم صناعته . رحم الله امرءاً عرف قدره . ولم يتعد طوره . وشر ما في بني آدم من الخصال الذميمة . والافعال اللئيمة . ايذاء الصغارِ الكبارُ . وايحاش العبيد الاحرارُ . وهذا له ادام الله فضله جبلة فطر عليها وطبيعة استرسل معها وسجية شهر بين العامة والخاصة بها يشتم كل يوم في منزله ومكانه . وعلى سدة داره وطرف دكانه . خلقاً كثيراً . وجمّاً غفيراً . من الرافعين قصصاً اليه . والعارضين عللهم عليه . فيرجعون وجفونهم تتصوب عبراتها . وقلوبهم تتصعد زفراتها . لما يلاقون من سوء خلقه . ويقاسون من خشونة نطقه . ويقفلون والم ذلك التهجم والاعراض . والوقيعة في الاحساب والاعراض . اشدّ عليهم من الم الاسقام والامراض . ولهذا جعل شخصه

(١) ق — (٢) الدلدل اسم بغلة كانت للنبي ولعل بلبل كذلك (٣) ق ورجالا وصال

وصيّر نفسه مع انه افضل زمانه . واعلم اولاد اقرانه . ضحكة الاداني والاقاصي . وسخرة للاذناب والنواصي . حتى صار بحيث اذا مشى في الاسواق تعادى صبيان البلد حوله فيسخرون منه ويضحكون عليه وينعرون في قفاه ولا اقول فيه ادام الله علوه الا ما قال الخليل بن احمد الفراهيذي [١] في ابن المقفع حين رأى كمال فضله . ونقصان عقله . « علم وافر . وعقل قاصر . » ومن قصور عقل ابن المقفع انه مر ببيت النار وكان من اولاد كسرى فتنفس الصعداء وتمثل ببيت الاحوص بن محمد الانصاري

يا بيت عاتكة الذي اتعزل [٢] حذر العدى و به الفؤاد موكل

فاتهم بالمجوسية فالقي في تنور مسجور فاحرق وما اصدق من قال « قيراط عقل .خير من قنطار فضل . ومثقال حلم . انفع من مكيال علم » . انكر ادام الله علوه رشاد مذهبي وانكاره ضلال. وجحد سداد سيرتي وجحوده باطل محال . فياطير الله جمجمة فرخت فيها الاضاليل وباضت . ويا اسكت الله شقشقة دفقت منها الاباطيل وفاضت . ولا اعني بهذه الجمجمة الا جمجمته التي لا عقل فيها . ولا اريد بهذه الشقشقة الا شقشقته التي يباينها الصدق وينافيها . حتى متى يتهمني بظنه . والى كم يجرعني دردي دنه . ايحسب ادام الله علوّه ان ظنه الباطل وخياله الفاسد ووهمه الكاذب وحي من السماء الهي . او الهام في الحقيقة رباني . او انه نفث بها روح القدس في روعه لا بل هو واحد من ابناء زماننا وهذا شر الازمنة ع

(١) ق هودي : المجموعة الفرهودي (٢) ق التي اتغزل

الشيطان عوده فاستلانه . فصير خزانة خياله مكانه. فهذه الخطرات التي تختلج في جنانه وتدور حول * حسبانه . من تلك الخيالات الشيطانية . لا من الالهامات الربانية . ولقد بلغني من افواه الرواة . والسنة الثقات . انه ادام الله علوّه اخذ بعين هذه التهمة الكاذبة قبل هذا واحداً من اعيان جلدته . وسكان بلدته . وهو مسعود بن المنتخب رحمه الله فاغار على اهله وبيته . وتعرض لحيه وميته . وخرب دوره ورباعه . وغصب اثاثه وباعه . من غير حجة صححها ولا بينة اوضحها . اللهم اصرع الظالم على الهامة . وخذ منه للمظلوم حتى يرضى عنه يوم القيامة . ومما اقضي منه العجب ان عهدي به ادام الله عزه قد كان يخرب الابدان . فها هو الآن يخرب الاوطان . وما اسرع الدهر الى تغيير [1] البشر . وما اقدره على تبديل الصور والسير . قرأت في بعض الكتب ان خليفة من الخلفاء رأى في منامه ان واحداً من ندمائه وثب عليه ليقتله فلما اصبح استدعى النديم وامر بقتله فقال له النديم ما ذا فعلت حتى استوجبت هذه العقوبة قال الخليفة ما فعلت شيئاً ولكني رأيت في المنام انك تقتلني فقال له النديم ان يوسف بن يعقوب صلوات الله عليهما [2] مع كونه صدّيقا نبياً احتاجت رؤياه الى تعبير . وافتقرت احاديثه الى تاويل وتفسير . افتستغني رؤياك عن مثل ذلك فضحك الخليفة وخلاه وانا اقول هكذا ظنون جميع ذوي الالباب . معرضة للخطأ والصواب . كانه ادام الله علوه تفرد من بينهم

---

(١) بيض ناسخ اصلنا هذه الاسطر ما عدا كلمات قليلة فكانه لم يقدر على قراءة بقيتها لذهاب الورقة او فسادها وقد سددنا الخلل من المجموعة (٢) ق ــ

بذاته . وتوحّد بعظمة صفاته . فتنزهت ظنونه عن السهو . وتقدست احاديثه عن اللغو . عصمنا الله من الكبر البائن . والعجب الشائن . اما حان ان ينتبه ادام الله علوه من غفلته . ويستيقظ من رقدته . وقد بلغ غاية شيبه . واخذ الموت بلحيته وجيبه . يقرع كل ساعة منادي الفناء . في اذنه الصمّاء . ان اترك اوطانك . واهجر اهلك وجيرانك . وارحل الى جهنم بخيلك ورَجْلك . فانها قد اوقدت نيرانها لاَجْلِك . وما حرص جهنم على شيء لحرصها على احراق شيخ غوي . وهِمٍّ غبي . سيء الخليقة . مذموم الطريقة . يتظاهر بالاثم والعدوان . ويتبع خطوات الشيطان . هو ادام الله علوّه بلغ ساحل الحياة ووقف على ثنية الوداع وهم بحر عمره بالنضوب . ومال نجم بقائه للغروب . فما ظنه هل في الحياة طمع وقد بليت جدتُه . وفنيت مدتُه . وتراجع امره . واتى على الثمانين عمره

ايرجو الفتى عوداً الى طيباته　　　وقد جاوزت رأس الثمانين سنُّهُ

كتبت هذه الاحرف على سبيل الانموذج والجواب بعدُ في الجراب . والسيف لم يسل من القراب . فان انزجر دام الله علوه واتعظ وترك الفظاظة والغلظ وعاد الى كرم العهد وصفاء الود (١) فانا خادم مخلص وعبد مطيع وتلميذ معتقد

والا فعندي للعدوّ وقائع　　　تريه المنايا لا ينادى وليدها

---

(١) ههنا انقطع الاصل واوردنا ما نقص من المجموعة . ويتلو في المجموعة هذه الرسالة رسالة ثالثة تدل على ان الامام القطان قبل عذر رشيد الدين وازال الوحشة

﴿ الحسن بن محمد المهلبي ابو محمد ﴾

(قد سقطت من نسختنا اوائل الترجمة)

قصيدة يخاطب فيها ابا جعفر الصيمري ويذكر المهلبي وكان في صحبته

ما ذا لقينا من القاطول لا هطلت ... فيه السحاب ولا سقته تهتانا

فقد سددناه[1] وارتدت غواربه[2] ... حسرى ولم نأل احكاماً واتقانا

وقد دعمنا له سكرا سما وطما ... حتى توهمه رؤاه ثهلانا

واستفرغ الوسع حتى لم خادمك المـ ... ـهلبي وقاسى فيه اشجانا

نجاه منه بآراء مثقفة ... تخالها في ظلام الليل نيرانا

رميت بحرا بطود فاستكان له ... كرها وايقظت فيما بات يقظانا

وما تطلبه بالاقبال ممتنعا ... الا تبدل بالعصيان اذعانا

ثم خرج معز الدولة والصيمري الى الموصل لقتال ناصر الدولة فاستخلف الصيمري المهلبي وابا الحسن طاراد بن عيسى على الامور بمدينة السلام الى ان عاد ثم خرج الصيمري الى البطيحة لطلب عمران بن شاهين واستناب بحضرة معز الدولة ابا محمد وحده في سنة ٣٣٨ فخدم ابو محمد معز الدولة خدمة خفف به عنه وخف على قلبه فقبله ومال اليه وقربه وبلغ ابا جعفر ذلك فثقل عليه فتطلب لابي محمد الذنوب وتمحل ما انكره عليه واطلق فيه لسانه بالوقيعة والتهدد وبلغ ابا محمد ذلك فقلق واستشعر النكبة والهلكة لانه لم يطمع من معز الدولة في نصرته عليه وعصمته منه فما راعه الا[3] ورود كتاب الطائر بوفاة الصيمري فجلس له في العزاء واظهر

(١) ق سددنا (٢) لعله قواربه (٣) ق منه

له الحزن الشديد ولزم منزله واستدعاه معز الدولة وامره بالحضور وتمشية الامور الى ان يقلد من يرى تقليد الوزارة وترشح للوزارة جماعة منهم ابو علي الحسن بن هارون بن نصر وابو علي الحسن بن محمد الطبري وابو الحسن محمد بن احمد المافروخي وابو عبد الله محمد بن احمد الخوميني وبذلوا البذول وضمنوا الاموال ووسّط ابو علي الطبري امره والدة عز الدولة وبذل مائتي الف درهم عاجلة على سبيل الهدية بمطالبة معز الدولة فحمل منه مائة وثمانين الف درهم وقال قد بقي بقية يسيرة اذا ظهر امري حملتها فقال معز الدولة لا افعل الا بعد استيفاء المال فعلم الطبري انه خدع وندم على ما حمله ثم حضر الجماعة المترشحون الخاطبون وكل منهم يعتقد انه المختار المقلد وجلسوا في خركاه ينتظرون الاذن ثم اوصل القوم ووقفوا على مراتبهم ودخل ابو محمد بعدهم وقام في اخرياتهم فلما تكامل الناس اسرّ معز الدولة الى ابي علي الحسن بن ابراهيم الخازن قولاً لم يسمع فمشى الى ابي محمد المهلبي وقبل يده وخاطبه بالاستاذية على ماكان ابو جعفر يخاطب به (١) وحمله الى الخزانة فخلع عليه القباء والسيف والمنطقة. قال هلال قال جدي فوالله يا بني لقد رأيت الناس على طبقاتهم ممن اسميناه ومن يتلوهم من الجند وغيرهم والسعيد منهم من وصل الى يده فقبلها. وعاد ابو محمد الى حضرة معز الدولة فخاطبه بالتعويل عليه في تقلد وزارته وتدبير دولته وشكره ابو محمد شكراً اطال وخرج منصرفاً الى داره فقدم له شهري بمركب ذهب وسار ابو محمد سبكتكين الحاجب

(١) ق —

بين يديه والقواد والناس في موكبه وذلك لثلاث بقين من جمادى الاولى سنة ٣٣٩ ثم جددت له الخلع من دار الخلافة بالسواد والسيف والمنطقة فاثقلته هذه الخلع وكان ذا جثة والزمان صيف وقد مشى في تلك الصحون الكثيرة فسقط عند دخوله الى حضرة المطيع لله ووقع على ظهره فاقيم وظن انه يحصر لما جرى فقال يا امير المؤمنين

خرسنوه وما درى ما خراسا　　ن بلبس القباء والموزخين

ثم اكثر الشكر واطال فيه فاستحسنت منه هذه البديهة على تلك الصورة وركب الى داره وجميع الجيش معه وحجاب الخلافة ومعز الدولة بين يديه فلما كانت في سنة ٣٥١ لهج معز الدولة بذكر عمان وحدث نفسه باخذها واغراه بذلك المعروف بكرك احد النقباء الاصاغر فامر المهلبي بالخروج اليها فدافعه ووضع عليه من يزهده فيها فلم يزدد الا لجاجاً وكان ابو محمد وزير[١] حاشية معز الدولة فان الزمهم تقسيطاً في نفقة البناء الذي استحدثه من غير ان[٢] يخرج باحد منهم الى عسف فاحفظهم فعله فبعثوا معز الدولة على اخراجه فلما الحّ عليه ضمن له ان يستخرج من هؤلاء جملة كبيرة يستعين بها في هذا الوجه فمكنه من ذلك بعد ان شرط عليه اخذ العفو وتجنب الاجحاف فقبض على جماعة واخذ منهم الفي الف درهم منها خمسمائة الف درهم من ابي علي الحسن بن ابراهيم النصراني الخازن ومعز الدولة على غاية العناية بامره والثقة بانه لا مال له واظهر ابو علي الفقر وسوء الحال وانه اقترض المال الذي اداه من الناس

(١) لعله « آذى حاشية معز الدولة فانه كان » (٢) ق ـ

فشق ذلك على معز الدولة وظنه حقاً واعتلّ ابو علي عقيب ذلك ومات فاعتقد معز الدولة ان ابا محمد قتله لما عامله به واقبل عليه يلومه ويحلف له انه يقيده به فلم يلتفت ابو محمد الى ذلك وبادر الى دار ابي علي وقبض على خادم له صغير كان يختصّه ويثق به ومناه ووعده فدله على دفتر[1] كان لابي علي في الدار فاستخرج منه عدة قماقم فيها نيف وتسعون الف دينار وحملها الى معز الدولة وقال له هذا قدر امانة خازنك الذي ظننت اني قد قتلته باليسير الذي اخذته لك منه وما فيه درهم من مالك وانما اقترضه من اولادك وحرمك وغلمانك وشنع عليك ثم تتبع اسبابه واخذ منهم تمام مائتي الف دينار وقدر ابو محمد ان معز الدولة يمكّنه من الحاشية الباقين ويعفيه من الخروج فلم يفعل وجدّ به جداً شديداً في الانحدار فانحدر في جمادى الاخرة من سنة ٣٥٢ وتمادت ايامه بالبصرة للتاهّب والاستعداد وامتنع العسكر المجرد من ركوب البحر فبلغ معز الدولة ذلك فاتهمه بانه بعث العسكر على الشغب فكاتبه بالجد والانكار عليه في توقفه والزام المسير ووجد اعداؤه طريقاً للطعن عليه واغتنموا تنكر معز الدولة عليه واقاموا في نفسه انه انحدر من مدينة السلام وهو لا يعتقد العود اليها وانه سيغلب على البصرة كما تغلب البريديون وان العسكر الذي معه والعشائر هناك على طاعة له وعظموا عنده امواله فتدوخ معز الدولة باقاويلهم وعرف ابو محمد ذلك فاطلق لسانه فيهم وخرق الستر بينه وبينهم وتطابقت الجماعة في المشورة على معز الدولة بالقبض عليه والاعتياض

---

(١) لعله دفين

باموالـه عما يقدر حصوله من عمان وجعلوه على ثقة من انهم يسدون مسده فمال الى قولهم وكتب الى ابي محمد يعفيه من الاتمام الى عمان ويرسم له الانكفاء الى مدينة السلام وعلم ابو محمد بالحال ووطن نفسه على الصبر وركوب اصعب المراكب فيه وان يدخل فيما دخل فيه القوم ويتولى هو مصادرة نفسه واصحابه وخصومه واعدائه وكان مليا بذلك فهجمت عليه علته التي مات منها وتردد بين افاقة ونكسة الى ان وردت الكتب بالياس منه فانفذ معز الدولة حينئذ احد ثقاته على ظاهر العيادة له وباطن الاستظهار على ماله وحاشيته فالفاه في طريقه محمولاً في جحفة كبيرة مملوءة بالفرش الوثيرة ومعه فيها من يخدمه ويعلله ويتناوب في حملها جماعة من الحمالين فلما انتهى الى زاوطا قضى نحبه ومضى لسبيله وسقط الطائر بمدينة السلام بذلك فقُبض على اسبابه وحرمه وولده فصودرت الجماعة ووقع السرف في الاستقصاء عليهم فلم يظهر لابي محمد مال صامت ولا ذخيرة باطنة وبانت لمعز الدولة نصيحته وبطلان التكثيرات عليه وقد كان يصل اليه من حقوق الرقاب في ضياعه وما ياخذه من اقطاعه ويستثني به على عماله مال كثير يستوفيه جهراً من غير ان توقع فيه امانة ويصرف جميعه في مؤونته ونفقاته وصلاته وهباته والى هدايا جليلة كان يتكلفها لمعز الدولة في ايام النواريز والمهاريج وعطف معز الدولة على الجماعة يطالبهم بالضمانات التي ضمنوها فاحتجوا بوفاته ووعدوا بالبحث عن ودائعه وتدافعت الايام واندرج الامر فكان الذي صح من مال ابي محمد ومال حرمه واولاده واسبابه خمسة الاف الف

درهم فيها الصامت والناطق والباطن واثمان الغلات وارتفاع الاملاك والاموال واموال جماعة من التجار اخذت بالتاويلات وكانت وفاته سبباً لصيانته عن عاجل ابتذالهم له وصيانتهم عن آجل بلواهم به وكانت مدة وزارته ثلاث عشرة سنة وثلاثة اشهر ووفاته في يوم السبت لثلاث ليالٍ بقين من سنة ٣٥٢ . ولابي محمد

قضيت نحبي فسر قوم حمقى لهم غفلة ونوم
كأنّ يومي عليّ حتم وليس للشامتين يوم

قال هلال : وحدثني ابو اسحاق جدي قال صاغ ابو محمد دواة ومرفعا وحلاهما حلية كثيرة مشرقة وكانت ذراعاً وكسراً في عرض شبر وكذلك كانت آلاته عظاماً حتى ان مخادّ دسته مثل مساند الدسوت الى ما يجرى هذا المجرى من آلات الاستعمال وقدمت الدواة بين يديه في مرفعها وابو احمد الفضل بن عبد الرحمن الشيرازي وانا الى جانبه فتذاكرنا سرّاً حسن الدواة وجلالتها وعظمها ثم قال لي ماكان احوجني اليها لابيعها واتسع بثمنها فقلت واي شيء يعمل الوزير قال يدخل في حرامه وسمع ابو محمد ما جرى بيننا بالاصغاء منه الينا وذهب ذلك علينا فاجتمعت مع ابي احمد [1] من غد فقال لي عرفت خبر الدواة قلت لا قال جاءني البارحة رسول الوزير ومعه الدواة ومرفعها ومنديل فيه عشر قطع ثيابا حسانا وخمسة الاف درهم وقال الوزير يقول انا عارف بأمرك في قصور الموادّ عنك وتضاعف المؤن عليك وانت تعرف شغلي وانقطاعي به عن كل

---

(١) ق محمد

حق يلزمني وقد آثرتك بهذه الدواة لما ظننته من استحسانك اياها اليوم عند مشاهدتك وحملت معها ما تجدد به كسوتك وتصرّفه في بعض نفقتك وانصرف الرسول وبقيت متحيراً متعجباً من اتفاق ما تجارينا به امس وحدوث هذا على أثره . وتقدم ابو محمد بصياغة دواة اخرى على شكلها ومرفع مثل مرفعها فصيغت في اقرب مدة ودخلنا الى مجلسه وقد فُرغ منها وتركت بين يديه وهو يوقع منها ونظر ابو محمد اليّ والى ابي احمد ونحن نلحظها فقال هيه من منكما يريدها بشرط الاعفاء من الدخول نخجلنا وعلمنا انه كان قد سمع قولنا وقلنا بل يمتع الله مولانا وسيدنا الوزير بها ويبقيه حتى يهب الف مثلها اللهم انت جدد الرحمة والرضوان عليه في كل ساعة بل لحظة بل لمحة وعلى كل نفس شريفة وهمة عالية انك العلي تحب معالي الامور واشرافها وتبغض سفسافها . قال وحدث ابراهيم بن هلال قال كان ابو محمد المهلبي يناصف العشرة اوقات خلوته ويبسطنا في المزح الى ابعد غاية فاذا جلس للعمل كان امرءاً وقوراً ومهيباً ومحذوراً آخذاً في الجد الذي لا يتخونه نقص ولا يتداخله ضعف فاتفق ان صعد يوماً من طيارة الى داره وقد حقنه البول وما كان يعتريه من سَلَسِه فقصد بعض الاخلية فوجده مقفلاً وكذلك كانت عادته جارية في اخلية داره حفاظاً لها عن الابتذال فابى ان يدعو الفراش ويحضر (١) فقال لي متبادراً على نفسه

فهبك طعامك استوثقت منه ... فما بال الكنيف عليه قفل

(١) ق قال : ولعله سقط « مبولة »

فقلت لعمري انه موضع عجب واذا وقع الاحتياط في الاصل فقد استغني عنه في الفرع فضحك وقال اوسعتنا هجاء فقلت وجدت مقالا فقال اسكت يا فاعل يا صانع . قال ابو اسحق واجلسني معز الدولة لاكتب بين يديه وابو محمد المهلبي قائم فحجبني عن الشمس فقال كيف ترى هذا الظل فقلت ثخين فقال واعجباً أُحسِنُ وتُسيءُ وضحك . ومن شعر المهلبي

يا هلالا يبدو لتهتاج نفسي ... وهزاراً يشدو فيزداد عشقي[(١)]

زعم الناس ان رقك ملكي ... كذب الناس انت مالك رقي

وحدث ابو محمد المهلبي قال كنت ايام حداثتي وقصر حالي وصغر تصرّفي اسكن داراً لطيفة ونفسي مع ذلك تنازع في الامور العظيمة الا ان الجد قاعد والمقدور غير مساعد فاصبحت يوماً وقد جاء المطر وازدادت الحجرة اظلاماً وصدري بها ضيقاً . فقلت

انا في حجرة تجلّ عن الوصـ ... ـف ويعمى البصير فيها نهارَا

هي في الصبح كالظلام وفي الليـ ... ـل يولي الانام عنها فرارَا

انا منها كانني جوف بئر ... اتقي عقرباً واحذر فارَا

واذا ما الرياح هبت رُخاء ... خلت حيطانها تبيد انتشارَا

ربّ عجل خرابها وارحني ... من حذاري فقد مللت الحذارا

وتحدث ابو الحسين هلال بن المحسن قال حدث القاضي ابو بكر بن عبد الرحمن بن خزيمة قال كنت مع الوزير المهلبي بالاهواز فاتفق ان حضرت عنده في يوم من شهر رمضان والزمان صائف والحر شديد

(١) في اليتيمة (٢ : ٢١) فيزداد شوقي

ونحن في خيش بارد فسمع صوت رجل ينادي على الناطف فقال اما تسمع ايها القاضي صوت هذا البائس في مثل هذا الوقت والشمس على رأسه وحرها تحت قدمه ونحن نقاسي في مكاننا هذا البارد ما نقاسيه من الحر وأمر باحضاره فاحضر فرآه شيخاً ضعيفاً عليه قميص رث وهو بغير سراويل وفي رجله تاسومة مخلقة وعلى رأسه مئزر ومعه نبيخة[1] فيها ناطف لا تساوي خمسة دراهم فقال له الم يكن لك ايها الشيخ في طرفي النهار مندوحة عن مثل هذا الوقت فتنفس وقال ما اهون على الراقد سهر الساهد وقال

ما كنت بائع ناطف فيما مضى   لكن قضت لي ذاك اسباب القضا
واذا المعيل تعذرت طلباته   رام المعاش ولو على جمر الغضا

فقال له الوزير اراك متادّباً فمن اين لك ذلك فقال اني ايها الوزير من اهل بيت لم يكن فيهم من صناعته ما ترى واسرّ اليه انه من ولد معن ابن زائدة فاعطاه مائة دينار وخمسة اثواب وجعل ذلك رسماً له في كل سنة . وحدث القاضي ابو علي التنوخي قال شاهدت ابا محمد المهلبي قد ابتيع له في ثلاثة ايام ورد بالف دينار فرش به مجالس وطرحه في بركة عظيمة كانت في داره ولها فوّارات عجيبة يطرح الورد في مائها وينفضه وبعد شربه عليه وبلوغه ما اراده منه انهبه . ولابي عبيد الله الحسين بن احمد بن الحجاج يرثي ابا محمد

يا معشر الشعراء دعوة موجع   لا يرتجى فرح السلوّ لديه
عزّوا القوافي بالوزير فانها   تبكي دماً بعد الدموع عليه

(١) ق سحه

مات الذي أسى الثناء وراءه وجميل عفو الله بين يديه
هدم الزمان بموته[1] الحصن الذي كنا نفر من الزمان اليه
وتضاءلت همم المكارم والعلى وانبتّ حبل المجد من طرفيه
عمري لئن قادته اسباب الردى مثل الجواد يقاد في شطنيه
فليعلمن بنو بويه انما فجعت به ايام آل بويه

ولابي محمد المهلبي

امثلي يا اخي وقسيم نفسي يفارق عهده عند الفراق
ويسلو سلوة من بعد بعد وينسبه الشقيق الى الشقاق
فاقسم بالعناق وتلك اشفى واوف من يميني بالعتاق
لقد الصقت بي طلباً قبيحاً تجافا جانباه عن التصاق

وحدث ابو النجيب شداد بن ابراهيم الجزري الشاعر الملقب بالظاهر قال كنت كثير الملازمة للوزير ابي محمد المهلبي فاتفق اني غسلت ثيابي وانفذ الي يدعوني فاعتذرت بعذر فلم يقبله والحّ في استدعائي فكتبت اليه

عبدك تحت الحبل عريان كانه لا كان شيطان
يغسل أثواباً كأنّ البلا فيها خليط وهي اوطان
ارقّ من دينيَ ان كان لي دين كما للناس اديان
كانها حاليَ من قبل ان يصبح عندي لك احسان
يقول من يبصرني معرضا فيها وللاقوال برهان
هذا الذي قد نسجت فوقه عناكب الحيطان انسان

---

(١) ق بيوته

فانفذ لي جبة وقيصاً وعمامة وسراويل وكيساً فيه خمسمائة درهم وقال قد انفذت لك ما تلبسه وتدفعه الى الخياط ليصلح لك الثياب على ما تريده فان كنت غسلت التكة واللالكة عرفني لانفذ عوضها . ولابي محمد المهلبي

ويوم كان الشمس والغيم دونها حجاب به صينت فما يتهتك
عروس بدت في زرقة من ثيابها تجللها فيها[١] رداء ممسك

قرأت بخط المحسن بن ابراهيم الصابئ انشدني والدي قال انشدني الوزير ابو محمد المهلبي لنفسه

اذا تكامل لي ما قد ظفرت به من طيب مسمعة وظرف رمان
وقهوة لو تراها خلت رقتها ديني وحافز من ان[٢] شئت غناني
فما ابالي بما لاقى الخليفة من بغي الخصي وعصيان ابن حمدان

وقال الصاحب ابن عباد انشدني الاستاذ ابو محمد المهلبي لنفسه

قال لي من احبّ والبين قد جـدّ وفي مهجتي لهيب الحريق
ما الذي في الطريق تصنع بعدي قلت ابكي عليك طول الطريق

حدث ابو علي التنوخي قال : كان ابو محمد المهلبي يكثر الحديث على طعامه وكان طيب الحديث واكثره مذاكرة بالادب وضروب الحديث على المائدة لكثرة من يجمعهم عليها من العلماء والكتاب والندماء وكنت كثيراً ما احضر فقدم اليه في بعض الايام[٣] فقال لي اذكرني هذا حديثا ظريفاً[٤] وهو ما اخبرني به بعض من كان يعاشر الشرابي[٥] الامير قال

(١) ق فيه (٢) ق اين (٣) لعله سقط «حجل» (٤) هذه الحكاية اوردها الدميري (١ : ٢٧) نقلاً عن كتاب النشوار (٥) الصواب الراسبي: قال الذهبي انه عامل خوزستان

كنت آكل معه يوماً وعلى المائدة خلق عظيم فيهم رجل من رؤساء الاكراد المجاورين لعمله وكان ممن يقطع الطريق ثم استأمن اليه فآمنه واختصه وطالت ايامه معه وكان في ذلك اليوم على مائدته اذ قدم حجل فالقى الراسبي منه واحدة الى الكردي كما تلاطف الرؤساء مؤاكليهم فاخذ الكردي وجعل يضحك فتعجب الراسبي من ذلك وقال ما سبب هذا الضحك وما جرى ما يوجبه فقال خبر كان لي فقال اخبرني به فقال شيء ظريف ذكرته لما رأيت هذه قال فما هو قال كنت ايام قطع الطريق قد اجتزت في المحجة الفلانية في الجبل الفلاني وانا وحدي في طلب من آخذ ثيابه فاستقبلني رجل وحده فاعترضته وصحت عليه فاستسلم اليّ ووقف فاخذت ما كان معه وطالبته ان يتعرى ففعل ومضى لينصرف فخفت ان يلقاه في الطريق من يستفزه عليّ فاطلب وانا وحدي فاوخذ فقبضت عليه وعلوته بالسيف لاقتله فقال يا هذا اي شيء بيني وبينك اخذت ثيابي (١) ولا فائدة لك في قتلي فكتفته ولم التفت الى قوله واقبلت اقنعه بالسيف فالتفت كانه يطلب شيئاً فرأى حجلة قائمة على الجبل فصاح ياحجلة اشهدي لي عند الله تعالى اني أُقتل مظلوماً فما زلت اضربه حتى قتلته وسرت فما ذكرت هذا الحديث حتى رأيت هذه الحجلة فذكرت حماقة هذا الرجل فضحكت فانقلب علينا الراسبي في رأسه حرداً وقال لا جرم والله ان شهادة الحجلة عليك لا تضيع اليوم في الدنيا قبل الآخرة وما آمنتك الا على ما كان منك من افساد السبيل فاما الدماء فمعاذ الله

---

(١) ق ــ

ان اسقطها عنك يا ابن الفاعلة بالامان وقد اجرى الله على لسانك الاقرار عندي يا غلمان اضربوا عنقه قال فبادر الغلمان اليه بسيوفهم يخبطونه حتى تدحرج رأسه بين ايديهما (١) على المائدة وجرت جثته ومضى الراسبي حتى اتمّ غداءه . قال ابو علي حضرت ابا محمد في وزارته وقد دفع اليه شاعر رقعة صغيرة فقرأها وضحك وامر له بالف درهم وطرح الرقعة فقرأتها واذا فيها

يا من اليه النفع والضرّ قد مس حال عبيدك الضرّ
لا تتركن الدهر يظلمني ما دام يقبل قولك الدهر

قال ابراهيم بن هلال الصابئ كان ابو محمد يخاطب بالاستاذية . قال ابو علي كنت في سنة ٣٥٢ ببغداد فحضر اول يوم من شهر رمضان فاصطحبت (٢) انا وابو الفتح عبد الواحد بن ابي علي الحسين بن هارون الكاتب في دار ابي الغنائم الفضل بن الوزير ابي محمد المهلبي لنهنئه بالشهر عند توجه ابيه الى عمان وبلغ ابو محمد الى موضع من انهار البصرة يعرف بعليا باذ (٣) ففترت نيته عن الخروج الى عمان واستوحش معز الدولة منه وفسد رأيه فيه واعتلّ المهلبي هناك ثم امره معز الدولة بالرجوع عن عليا باذ وان لا يتجاوزه وقد اشتدت علّته والناس بين مرجف بانه يقبض عليه اذا حصل بواسط او عند دخوله الى بغداد وقوم يرجفون بوفاته وخليفته اذ ذاك على الوزارة ببغداد ابو الفضل العباس بن الحسين بن عبد الله وابو الفرج محمد بن العباس بن الحسين فجئنا الى ابي الغنائم ودخلنا اليه

---

(١) كذا بالاصل (٢) لعله فاصطبحت (٣) هو غير الموضع المذكور في معجم البلدان

وهو جالس في عرضي في داره التي كانت لابيه على دجلة على الصراة عند شباك على دجلة وهو في دست كبير عالٍ جالس وبين يديه الناس على طبقاتهم فهنأناه بالشهر وجلسنا وهو اذ ذاك صبي غير بالغ الا انه محصل فلم يلبث ان جاء ابو الفضل وابو الفرج فدخلا اليه وهنآه بالشهر فاجلس احدهما عن يمينه والآخر عن يساره على طرف دسته في الموضع الذي فيه فضلة المخادّ الى الدست ما تحرك لاحدهما ولا انزعج ولا شاركاه في الدست واخذا معه في الحديث وزادت مطاولتهما وابو الفضل يستدعي خادم الحرم فيسارّه فيمضي ويعود ويخاطبه سرًّا الى ان جاءه بعد ساعة فسارّه فنهض فقال له ابو الفرج الى اين يا سيدي فقال اهنئ من يجب تهنئته واعود اليك وكان ابو الفضل زوج زينة ابنة اخت ابي الغنائم من ابيه وامه تجني فحين دخل واطمأنّ قليلاً وقع الصراخ وتبادر الخدم والغلمان ودعي الصبي وكان يتوقع ان يرد عليه خبر موت ابيه لانه كان عالماً بشدة علته فقام فمسكه ابو الفرج وقال اجلس اجلس وقبض عليه وخرج ابو الفضل وقد قبض على تجني ام الصبي ووكل بها خدماً وختم الابواب ثم قال للصبي قم يا ابا الغنائم الى مولانا يعني معز الدولة فقد طلبك وقد مات ابوك فبكى الصبيّ وسعى اليه وعلق بدراعته وقال يا عم الله الله فيّ يكررها فضمه ابو الفضل اليه واستعبر وقال ليس عليك بأس ولا خوف وانحدروا الى زبازبهم فجلس ابو الفرج في زبزبه وجلس ابو الفضل في زبزبه واجلس الغلام بين يديه واصعدت الزبازب تريد معز الدولة بباب الشماسة فقال ابو الفتح بن الحسين بن هارون ما رأيت

مثل هذا قط ولا سمعت لعن الله الدنيا اليس الساعة كان هذا الغلام في الصدر معظّماً وخليفتا ابيه بين يديه وما افترقا حتى صار بين ايديهما ذليلاً حقيراً ثم جرى من المصادرات على اهله وحاشيته ما لم يجر على احد . قال ابو علي محمد بن وشاح الكاتب قال لي ابو الحسن محمد بن عبيد (١) الله ابن سكرة الهاشمي من ولد المهدي خرجت الى الاهواز قاصداً للوزير ابي محمد الحسن بن محمد المهلبي مادحاً له فلما وصلت اليه انشدته

قفي حيث انتهيت من الصدود ... ولا تتعمدي قتل العميد
فقد وهواك وهو اجلّ حلفي ... حميت نظيريك من الهجود
هجرت مقيمة وطفيت غضبي ... فحربت الحديد على الحديد
فراق ظعينة وفراق رأي ... يكرهما عليّ . فراق جود
ثلاث ما اجتمعن على ابن حب ... صدود في صدود في صدود

قال وانصرفت فلما كان من الغد استدعاني وقال اسمع وانشدني لنفسه

اتاني في قميص اللاذ يمشي ... عدوّ لي يلقّب بالحبيب
فقلت له فديتك كيف هذا ... بلا واشٍ اتيت ولا رقيب
فقال الشمس اهدت لي قميصاً ... رقيق الجسم من شفق الغروب
فثوبي والمدام ولون خدي ... قريب من قريب من قريب

﴿ الحسن بن محمد بن عبد الصمد بن ابي الشخباء ﴾

ابو علي العسقلاني صاحب الرسائل مات فيما ذكره علي بن بسام في كتاب الذخيرة في سنة ٤٨٢ معتقلاً بمصر في خزانة البنود وكان يلقّب

---

(١) في اليتيمة عبد الله

بالمجيد ذي الفضيلتين احد البلغاء الفصحاء الشعراء له رسائل مدونة مشهورة قيل ان القاضي الفاضل عبد الرحيم بن البيساني منها استمدّ وبها اعتدّ واظنه كتب في ديوان الرسائل للمستنصر صاحب مصر لان في رسائله جوابات الى الفساسيري الا ان اكثر رسائله اخوانيات وما كتبه عن نفسه الى اصدقائه ووزراء امراء زمانه وها انا اكتب منها ما سنح لتعرف قدر بضاعته ومغزى صناعته نظماً ونثراً . قال من قصيدة

اخذتْ لحاظي من جنا خديكِ ... ارش الذي لاقيت من عينيكِ
هيهات اني ان وزنت بمهجتي ... نظري اليكِ فقد ربحت عليكِ
غضي جفونك وانظري تاثيرما ... صنعت لحاظك في بنان يديكِ
هو ويكِ نضح دمي وعزّ عليّ ان ... القاكِ في عرض الخطاب بويك
لسلكت في فيض الدموع مسالكا ... قصرت بها يد عامرٍ وسليكِ
صانوكِ بالسمر اللدان وصنتهم ... بنواظرٍ لحميتهم وحموكِ
لو يشهرون سيوف لحظك في الوغى[1] ... ما استقرأوا[2] فيها فنا ابويك

وقد كتب الى صديق له : لما حديت[3] ركاب مولاي اخذ صبري معه وصحبه قلبي وتبعه

فعجبت من جسم مقيم سائر ... كمسير بيت الشعر وهو مقيد

وبقيت بعده اقاسي اموراً تخف الحليم وترعى الهشيم ان رجوت منها غفلة اقتحمت . وان رمت منها فرجة تضايقت والتحمت . واما الوحشية فقد اصطبحت منها كاساً مترعة . وتجرعت من صابها امرّ جرعة . ورأيت

---

(١) ق الورى (٢) كانه يريد « استقروا » من القرى (٣) ق حدثت

فوادي اذا مرّ ذكر مولاي يكاد يخرج من خدره . ويرغب في مفارقة صدره . حنيناً يجدده السماع . وصدودا ينتفض منه الاظلاع . وزفرة تدمي في عذارها . وتطلع في الترائب شرارها

اداري شجاها كي تخلي مكانها وهيهات القت رحلها واطمأنّتِ

واما ما اعاني [١] بعد مسيره فاشياء منها عيث الالم مرة . وزوال الاستمتاع بما يعرفه من تلك المسرة. ومنها اضطراري الى كثرة مكابرة من اعلم ذحل سرائره . واختلاف باطنه وظاهره . وتكلف اللقاء له بصفحة مستبشرة . واخلاق غير متوعرة . والله يعلم نفور طباعي ممن رآه اهل الادب من الادب غفلا . ومن ذخائره مقفلاً . لكن السياسة تقتضي اعتماد ما ذكرت وتوجب قصد ماشرحت وان كان مورداً غير عذب . وثقيلا على العين والقلب .

ولربما ابتسم الفتى وفؤاده شرق الضلوع برنة وعويل

ومنها انعكاس كثير من الآمال . وارتشاف الصُبابة الباقية من الحال . بجوائح مصرية وشامية . وفوادح ارضية وسمائية . ولا اشكو بل اسلّم له مذعنا . وارى فعله كيف تصرفت الاحوال جميلا حسنا .

ومن لم يسلم للنوائب اصبحت خلائقه طرا عليه نوائبا

والله تعالى المسؤول ان يهب لي من قرب مولاي ما يأسو هذه الكلوم . ويجدد من المسرة عافي الرسوم . فجميع الحوادث . وسائر النوائب الكوارث . اذا قربت الخطوة . واستجيبت هذه الدعوة . تمسي غير مذكورة . وبجناح التجاوز مكفورة . وكتب الى ابي الفرج الموفقي جوابا

(١) لعله اعتراني

عن رقعة : وصلت رقعة مولاي والصبح قد سل على الافق مقضبه . وازال بانوار الغزالة غيهبه . فكانت بشهادة الله صبح الآداب ونهارها . وثمار البلاغة وازهارها . قد توشحت بضروب من الفضل تقصر قاصية المدى . ويجري به في مضمار الادب مفردا .

فكان روض الحزن تنثره الصبا   فاطلعت من قرطاسها تصفح [1]

فاما ما تضمنته من وصفي فقد صارت حضرته السامية تتسمح في الشهادة بذلك مع مناقشتها في هذه الطريقة . وانها لا توقع الفاظها الا مواقع الحقيقة . فان كنت قد بهرجت عليها فتراجع [2] نقدها تجدني لا استحق من ذلك الاسهاب فصلاً . ولا اعد لكلمة واحدة منه اهلا . وبالجملة فالله ينهضني بشكر هذا الانعام الذى يقف عنده الثناء ويضلع . ويحصر دونه الخطيب المصقع .

هيهات تعيي الشمس كل مرامق   ويعوق دون منالها العيوق

واما الفصل الذي اودعه الرقعة الكريمة من قوله « فاما فلان فيحل في قومه ويفرح بالضيوف فرح حنيفة بابن الوليد قدوره عمارية وعطسات جواريه اسدية ويهوين لو خلق الرجال خلق الضباب يتضوّعن النشر العبقسي ويرضعن مراضع ثعالة المجاشعي » وما امرت حضرته السامية من ذكر ما عندي فيه فقد تأملته طويلاً وعثر الخادم فيه بما انا ذاكره راغباً في الرضى بما بلغت اليه المقدرة وتجليل ذلك بسجوف الصفح . اما قوله « يفرح

---

(١) كذا بالاصل كانه مصراع بيت ولعله من كلام ابي علي والصواب هو « فاطلعت في قرطاسها اتصفح » (٢) لعله فلتراجع

بالضيوف فرح حنيفة بابن الوليـد » فيقع لي انه اراد خالد بن الوليـد المخزومي وذلك ان مسيلمة الحنفي كان قد تنبأ بعد رسول الله صلى الله عليه وسلم وحديثه مشهور فبعث اليه ابو بكر رضي الله عنه خالد بن الوليد المقدم ذكره في جيش كثيف من المسلمين ففتح اليمامة وقتل مسيلمة واباد جماعة كثيرة من بني حنيفة . واما قوله « قدوره عمارية » فان هذا الفصل لما كان مبنياً على الذم وجب ان يتطلب لهـذا السبب معنىً يجب حمله عليه ولم يجد ما ينسب اليه الا قول الفرزدق

لوان قدراً بكت من طول ماحبست على الحقوق[١] بكت قدر ابن عمار
ما مسها دسم مذ فض معدنها ولا رأت بعد نار القين من نار

واما قوله « عطسات جواريه اسدية » فيقوى في وهمي انه اراد قول الاول في هجائه

اذا اسدية عطست فنكها فان عطاسها طرف الوداق

واما قوله « يهوين لو خلق الرجل خلق الضباب » فان الجاحظ ذكر في كتاب الحيوان ان للضب اير ين وللضبة حر ين وحكى ان اير الضب اصله واحد وانما يتفرق فيصير اعلاه اثنين واستشهد على ذلك بقول الفرزدق[٢]

رعين الدبا والبقل حتى كانما كساهن سلطان ثياب مراجل
سبحل له نزكان كانا فضيلة على كل حاف في البلاد وناعل

والنزك اسم اير الضب وانشد الاصمعي لابي ردماء فيما رواه ابو خالد

(١) لعله عن الحقيق (٢) في كتاب الحيوان (٦ : ٢٢) اورد للفزاري اربعة ابيات منها البيتان

النميري [1]

تفرقتم لا زلتم قرن واحد تفرق اير الضب والاصل واحد

ومن ههنا قالت لحبي المدنية لما عذلها ابوها في تزوجها ابن ام كلاب

وددت بانه ضب واني ضبيبة كدية وجدت خلاء

واما قوله « يتضوعن النشر » فمن امثال العرب هو اخسر صفقة من شيخ مهو وهو بطن من عبد القيس بن اقصى بن دعمي بن جديلة بن اسد ابن نزار بن معد بن عدنان وكان من خبره ان ايادا كانت افسى العرب فوفد وافدهم الى الموسم بسوق عكاظ ومعه حلة نفيسة فقال يا معشر العرب من يشتري مني مثلبة قوم لا تضره بحلتي هذه فقال الشيخ المهوي انا اشتريها فقال الايادي اشهدكم يا معشر العرب اني قد بعت فساء اياد لوافد عبد القيس بحلتي هذه وتصالحا وافترقا متراضيين وقد شهد عليهما اهل الموسم فصارت عبد القيس افسى العرب وقيل لابن منادر كيف الطريق الى عبد القيس فقال شم ومر

فان عبد القيس من لؤمها تفسو فساء ريحه تعبق

من كان لا يدري لها منزلا فقل له يمشي ويستنشق

واما قوله « اعطش من ثعالة المجاشعي » فمن امثال العرب فيما ذكره الكلبي قال هما رجلان من بني مجاشع عطشا فالتقم كل واحد منهما اير صاحبه يشرب بوله فلم يغن عنهما شيئا وماتا عطشا ووجدا على تلك الحال قال جرير يهجو بني دارم

---

(١) النميري هو ابو حية دون ابي خالد وقد غلط الراوي كثيراً فيما اورده هاهنا

وضعتم ثم سال علي لحاكم ثعالة حين لم يجد شرابا

هذا ما وقع لي في هذا الفصل وارجو ان تكون (١) قد ذهبت الى ما قصده قائله . ومن كلامه يهنئ بكسر اتسز الغزي وكان ذلك لثمان ساعات مضين من يوم الاثنين في العشر الاخير من جمادى الاخرة سنة ٤٦٩ : اِلَّذِينَ قَالَ لَهُمُ ٱلنَّاسُ إِنَّ ٱلنَّاسَ قَدْ جَمَعُوا لَكُمْ فَٱخْشَوْهُمْ فَزَادَهُمْ إِيمَاناً وَقَالُوا حَسْبُنَا ٱللّٰهُ وَنِعْمَ ٱلْوَكِيلُ فَٱنْقَلَبُوا بِنِعْمَةٍ مِنَ ٱللّٰهِ وَفَضْلٍ لَمْ يَمْسَسْهُمْ سوءٌ وَٱتَّبَعُوا رِضْوَانَ ٱللّٰهِ وَٱللّٰهُ ذُو فَضْلٍ عَظِيمٍ قد ارتفع الخلاف بين الكافة ان الله ذخر للدولة الفاطمية ثبت الله اركانها من الحضرة العلية المنصورة الجيوشية خلد الله سلطانها من حمى سوادها ونصر اعلامها وضم نشرها وحفظ سريرها ومنبرها بعد ان كان الاعداء الذين ارتضعوا در انعامها . وتوسموا بشرف ايامها . فطردت يد الاصطناع املاقهم . واثقلت قلائد الاحسان اعناقهم . خفروا (٢) ذمم الولاء وكفروا سوابغ الآلاء . ففجأتهم الحوادث من كل طريق . ونعب بهم غراب الشتات والتفريق . واستباحتهم يد الشدائد وَأَتَى اللّٰهُ بُنْيَانَهُمْ مِنَ ٱلْقَوَاعِدِ . ولم تزل النفوس منذ طرق اتسز (٣) اوقع اللعين هذه البلاد . وانجم فيها انجم الفساد . وتعدى حدود الله وكلماته . وتعرض لمساخطته ونقماته . عالمةً بان املاء الحضرة العلية مد الله ظلها على الكافة لم يكن عن استعمال رخصة في هذه الحال . ولا سكون الى عوارض من الاغفال والاهمال . بل هو امر ركب فيه متن التدبير . وجرت بمقله

---

(١) لعله اكون (٢) ق فخفروا (٣) هو اتسز بن اوق

المقادير. واتبع فيه قوله تعالى فَأَمْلَيْتُ لِلَّذِينَ كَفَرُوا ثُمَّ أَخَذْتُهُمْ فَكَيْفَ كانَ نَكِيرِ وحين خدمته المطالع المردية الى الاعمال القاهرة مؤملاً انفصام عروة الله المتينة . وافول ما توقد من شجرة مباركة زيتونة . سكنت النفوس الى الحضرة العلية ثبت الله مجدها ستجرد له من عزماتها الباقية ما يعجل ذماره . وتنتضي له من ارائها الكاملة ما يعفي آثاره . وحين توالت الانباء واصطدمت الرجال بانكسار اللعين . وما منحته الحضرة من النصر المبين . حتى نهبت الاموال وتحكمت السيوف بحكم القادر الغالب . واكلتهم الحرب واكل [١] الغرثان الساغب . وانشبت فيهم اظفارها المنية . وكسيت الارض من دمائهم حلة عسجدية . وولى المخذول على ادباره . ونكص على اعقابه بو بيل اوزاره . يخاف من نجوم الليل ان [٢] ترجمه . ومن شمس النهار تصطلمه . وترك ما معه يقسم يمينا وشمالاً . وبين [٣] حشده يقتل ركباناً ورجالاً . علم ان لله تعالى عناية بالدولة الزاهرة . وتحقق ان له سبحانه رعاية بالملة الطاهرة . تحوط اقطارها . وتضاعف انوارها . ولطفاً خفياً بهذه الرعيّة . ومشيئة نافذة في هذه البرية . التي لولا مقام الحضرة العلية لمُزّق اديمها . واستبيح حريمها . والله المحمود على ما منح الامة من هذه النعمة والمسئول ان يشدّ ببقاء الحضرة العلية قواعد الاسلام . ويسم بمحامدها اغفال الايام . ويستخدم لها السيوف والاقلام . حتى لا يبقى على الارض مفحص قطاة الا وقد دوخها سنابك خيولها . ولا مسقط نواة الا وقد ركزت فيه صدور رماحها ونصولها . فقد دفعت

(١) لعله ولا اكل (٢) ق ـ (٣) لعله بينما

(ادام الله جمال الدنيا ببقائها . واعز كمال الدين بباسها واصالة رايها .) خطباً جسيما . واستلقحت من السياسة امراً عقيما . واعادت شمل الامة ملموماً نظيما . ذلك فضل الله يؤتيه من يشاء وكان فضل الله عليك عظيماً. فاما العبد المملوك فقد تلاعبت به ايدى الاقدار . وقذفته العطلة في هوة بعيدة الاقطار . وهو يعدُ نفسه ويوقيها . ويسوّفها ويمنيها . ان مراحم الحضرة نصر الله اعلامها تسعد [1] كساد بضاعته نفاقاً . واضطراب حاله انتظاماً واتساقاً . وسكون ريحه خفوقاً . وغروب حظه شروقاً . ان شاء الله تعالى . وكتب الى بعض اخوانه : اغبّ كتاب مولاي حتى اضرم ناراً في الفؤاد . وحالف بين جفني والسهاد .

ثم وافى بلفظه الرائق العذ ب واغنى عن الزلازل [2] البرود

وقرأته متنزها في روضه وغديره

جمع البلاغة كلها تختال بين سطوره

فالدر في منظومه والسحر في منثوره

وعرفت ذكر الشوق الذي هيّج احزانا . ونكأ قرحاً لا يندمل زمانا وان عندي بشهادة الله ما يضرم ناره . ويشب اواره . والله تعالى يسهل من الطافه الخفية ما يجمع الشمل . ويصل الحبل . ويقرب الدار . ويدني المزار . بمحمد وآله والائمة الاطهار . واما حالى بعده . وارتياحي الى ما عنده . وتأسفي على الفائت من اخلاقه التي هي من الحسن ادقّ . ومن الماء اصفى وارقّ فحال صبّ اخذ ما في فؤاده . وحولف بين طرفه وسهاده . فحرم

---

(١) لعله تردّ (٢) ق الزلزال

لذلك لذيذ رقاده . واما عتبه عليّ لتأخر كتبي عنه وبعدها منه فهو يعلم حرس الله مدته انني اذا واصلت اواغببت انه سمير خاطري . وان غاب عن ناظري . وهو نازل بضمائري . وان بان من بين مخالطي ومعاشري .

يا غائباً عن ناظري وخاطراً [1] في خاطري
لا تخش مني جفوة فباطني كالظاهر

والله يعلم اني لم اغفل كتابه صرماً وهجراً . ولا اهملت مجاوبته نقضا لمودته الكريمة ولا غدرا . فانه من العين بمكان السواد . ومن الصدر بموضع الفؤاد . وبسبب هذا الاعتقاد . وما ذكرت من محض الوداد . ابثه اشجاناً . واطلعه على اسراري اسراراً واعلاناً . ثقة بوده وتمسكاً بوثيق عهده . وعقده . لو رآني فسح الله مدته . وضاعف عليّ مودته . لرأى صباً قلبه خفيق . ودمعه طليق .

فلق الضمير بظبية وهنانة فلها بقلبي هزة وعلوق
الوجه طلق والوشاح مهفهف والردف دعص والقوام رشيق
وتبسمت عن واضح فضحت به سطع البروق ونم منه رحيق

هذه الابيات تغني عما اردت ان اشرحه . وتنبئ عن مكنون ما سبيلي ان اثبته واوضحه . والله المسئول ان يقضي ماربي بسعادة جده . ويزيل عني ما اخشاه بتمام اقباله ومجده . وكتابه هو فسحة للصدر . ومنية ما يطلب من الدهر . ولرأيه علوه في امضائه اليّ . ووفوده عليّ * وكتب الى ابن المغربي يهنئه بالفتوح : اطال الله بقاء سيدنا الوزير الاجل

(١) لعله وحاضراً

ما سطع الصبح بعموده . وهمهم السحاب برعوده . وطلعت في الافق انجم سعوده .

نعتدّه ذخر العلى وعتادها ونراه من كرم الزمان وجوده
الدهر يضحك من بشاشة بشره والعيش يطرب من نضارة عوده

فقد البس الله الدهر من مناقب الحضرة السامية ما اخرس للائمة [1] وافاض على الكافة من آلآئها ما تملك به رق المآثر . ويعجز عنه كل ناظم وناثر . يقصر عنه لسان البليغ ويفضل عن مقلة الناظر . فما ينفكّ خلد الله ايامه يذود عن الدولة برأي صائب . وحسام قاضب . تحاسد عليه الدرع والدراعة . ويتنافس فيه الصمصامة واليراعة . والملك بين هذين متين العماد . مستجير التماد .

ما زال قائد كتبة وكتيبة باصيل رأيي منصل وفؤاد
شبهان من قلم ومن صمصامة شهرا [2] ليوم ندى ويوم جلاد

وما وقفت في هذا المقام موقفاً وحشياً . ولا وقع عندها موقعاً اجنبياً . بل اقتفت آثار اسلاف خفقت عليهم الوية المعالي بنودها . ووسمت باسمائهم جباه الممالك وخدودها . وتحيف الكرم اموالهم وهي أثيثة الجناح . وذللت عزائمهم النوب وهي شديدة الجماح .

كتّاب ملك يستقيم برأيهم اود الخلافة او اسود صباح
بصدور اقلام يردّ اليهم شرف الرياسة او صدور رماح

كان العبد خدم المجلس السامي بخدمة قصدها عن [3] التهنئة بما فتح الله

(١) ق الايمة (٢) ق شهر (٣) لعله زائد

تعالى من الظفر بالعدو الذي اطاع شيطانه . ومد في مضمار الغيّ اشطانه. واتبع ما اسخط الله وكره رضوانه . وجرى الله على جميل عادته في زلزلة اطواده . واستئصال احزابه واجناده . الذين غدت الرماح تستقي مياه نحورهم . والسيوف تنتهب ودائع صدورهم . والحمام يجول عليهم كل مجال . ويستدني اليهم نوازح الآجال

ما طال بغي قطّ الا غادرت فعلاته الاعمار غير طوال
فتح اضاء به الزمان وفتّحت فيه الاسنة زهرة الآمال

وارجو ان يكون التوفيق قضى بوصولها . واذن في قبولها . ممتد ظل . وبشرى مقلّ . وبصوب عارض مستهل (١)

ايعجز فضلك عن خادم وانت بامر الورى مستقل

وبحكم ما العبد عليه من تطلع الامل القوي . وتوقع الانعام الكسروي . عززها بهذه المناجاة . وان كان على ثقة ان رشاه . قد القي في الغدير القريب . ورائده قد خيم بالمرتع الخصيب

لو راينا التوكيد خطة عجز ما شفعنا الاذان بالتثويب

وله ادام الله عزه الراي العالي فيه ان شاء الله تعالى

وكتب الى صارم الدولة ابن معرف (٢) : اطال الله بقاء الحضرة الصارمية يجري القدر على حسب اهويتها . ويعقد الظفر بعزائم الويتها . ويحلي

---

(١) اظنه تصحيف بيت صوابه
امتد ظل ببري مقلّ ومن صوب عارضه مستهلّ

(٢) لعله معروف

بذكرها ترائب الايام العاطلة . وينجز بكرمها عدات الحظوظ المماطلة ما اصحب الجامح . واضاء السماك الرامح . وعافت الماء الابل الطوامح .

وما سحبت في مفرق الارض ذيلها خوافق ريح للسحاب لواقح
اذا رفض الناس المديح وطلقوا بنات العلى زفت اليه المدائح

ايام الناس شهود مختلفة الاقوال . وصنوف متباينة الاحوال . فيوم تورخ السير بسودده وسنائه . وينطق بمحامد قوم السنة ابنائه . ويوم يخبو في موقف الجد شهابه . ويعبق بمسك المدام اهابه . فالحمد لله الذي جعل الحضرة السامية عقال الخطوب العوارم . ونظام المحاسن والمكارم . يعتدها الزمن نسيم اصائله . وزهر خمائله . وشموس مشارقه . وتيجان مفارقه . فيجب على كل من ضم اليراعة بنانه . واطلق في ميدان البراعة عنانه . ان لا يخلي مجلسه من مدح معروضة . وخدم مفروضة . يسهب فيها الواصف . ويوجبها الانعام المتراصف .

عسى منة تقوى على شكر منه وهيهات اعيي البحر من هو راشف
ولو كنت لا تولي يداً مستجدة الى ان توفى شكر ما هو سالف
حميت حريم المال من سطوة الندى وغاضت وحاشاها لديك العوارف
وكم عزمة في الشكر كانت قوية فاضعفها احسانك المتضاعف
رعى الله من عم البرية عدله فأُنصِف مظلوم وامن خائف
له منن في حرب خطب معاطف دماث وفي صدر الخطوب عواطف

فكم اهل هدته نصر الله عزائمها بعد الضلال . وحر استنقذته من حبائل الاقلال . ومرهق خففت عنه وطأة الزمن المتثاقل . وطريد بوأته من

حرمها امنع المعاقل

منازل عز لو يحل ابن مزنة بها لسلا عما له من منازل
فيا صارماً يعطي وينسى عطاءه ولم نر سيفاً ذا وفاء ونائل
يكاد يفيض البرق من وجناته اذا ما اتاه سائل بوسائل
اذا هو عرى سيفه من غموده وافضى بفضفاض من السرد ذابل
وقد صبغ النقع النهار بصبغة ترى ناصلاً منها بياض المناصل
رأيت متون الخيل تحمل ضيغماً مرير مذاق الكيد حلو الشمائل
يلذ له طعم الكماة كانما جرى الشنب المعسول فوق العواسل
وكم اخرست اطرافها من غماغم لاقرانه واستنطقت من ثواكل
من القوم لم تترك لهم عند كاشح طوال ردينياتهم من طوائل
اذا ما سروا خلف العدو وهجروا تظلل من ارماحهم في ظلائل
وما ذبلت يوماً خميلة عزة اذا زرعت فيها كعوب الذوابل
اوائل مجد لم يزل فاخراً بها تميم بن مر او كليب بن وائل

ثم جاءته مناقب الحضرة العلية فتم بها مناقب تميم . وحكم لآل القعقاع امر حكيم . ونصر لواء بني نصر . وابدرت اهلة بني بدر . ونبه منبه هوازن . وظهرت مزينة ومازن . وضحك لعبس عابس الدهر . وراحت الكلمة [١] كاملة الفخر . وزادت مغايظ الازد . وقشرت قشيراً عن بلوغ المجد . واغمدت سيوف بني غامد . وصارت همدان كالجمر الهامد . وعنس مذحج كالعنس مذللة . وحمير بالراية الحمراء متظللة . وطوت طيء

(١) لعله الكملة فكانها قبيلة

عملها استخذاء ۰ وغضت جفنة جفونها استحياء ۰ فحرس الله محاسن الحضرة السامية التي جباه الانام بها موسومة ۰ وتمّم نعمها التي هي بينها وبين الناس مقسومة . ولا زالت الدولة الفاطمية تحمد عزائمها التي شهدت لها بمداومة الكفاءة وانشرت من النصائح كل رميم رفات

كانك حين ضل الناس عنها ... هديت الى رضا هادي الرعاة
مزيل المال من ملك الاعادي ... وناظم شمله بعد الشتات
سينطق بالثناء على علي ... وعترته المنابر صامتات
فقاد له الى بغداد قوداً ... تجلى لحمها جنب الفرات
عليها كل داني الحلم ثبت ... سيفه [١] السيف من بعد الثبات
كانهم لحم المنايا [٢] ... يفيدون الحياة من الممات

يسابقون الى العدو الاعنة ۰ فتطعن عزائمهم قبل الاسنة ۰ ويقتدون بالحضرة السامية في خوض الرهج . وارخاص المهج . وتحمل الاعباء . في موالاة اصحاب العباء ۰ ولا سلب الله هذا الثغر واهله وما وهب لهم من انعامه الذي يتهافت اليهم متناسقاً ۰ ويعيد غصن مجدهم ناضراً باسقاً

اذا ما قلى الناس السماح عشقته ... واحسن من يسدي المكارم عاشقا
حمى الله من كيد الزمان خلائقاً ... وسعت بها يا ابن الكرام خلائقا
اذا اظلموا كانت شموسا طوالعا ... وان اجدبوا كانت غيوثا دوافقا
وقد زار شهر الصوم ربعك صابحاً ... له بافاويق السعود وغابقا
تنور بالقرآن اسداف [٣] ليله ... فيبيض منها كل ما كان غاسقا

(١) كذا بالاصل (٢) المصراع ناقص (٣) ق اسلاف

تارج من تقواك فيه لطائم يظل لها عرنين عامك ناشقا
فعش ابداً ما شوهد الافق اورقا وراح قضيب الايك اخضر اورقا
اذا عد قوم للمعالي اخامصاً عددناك تيجانا لها ومفارقا

﴿ الحسن بن محمد بن الحسن بن محمد بن حمدون ﴾

ابو سعد بن ابي المعالي بن ابي سعد الكاتب قد تقدم ذكر ابيه صاحب الديوان بهاء الدين ابي المعالي وذكر عمه ابي نصر محمد بن الحسن كاتب الانشاء وكان ابو سعد هذا يلقب تاج الدين مات ابو سعد هذا في حادي عشر محرم سنة ٦٠٨ كما نذكره فيما بعد ومولده في صفر سنة ٥٤٧ وكان رحمه الله [1] من الادباء العلماء الذين شاهدناهم زكي النفس طاهر الاخلاق عالي الهمة حسن الصورة مليح الشيبة ضخم الجثة كث اللحية طويلها طويل القامة نظيف اللبسة ظريف الشكل وهو ممن صحبته فحمدت صحبته وشكرت اخلاقه وكان قد ولي عدة ولايات عاينت منها النظر في البيمارستان العضدي وكانت هيبته فيه ومكانته منه اعظم من مكانة ارباب الولايات الكبار لان الناس يرونه بعين العلم والبيت القديم في الرئاسة ثم ولي عند الضرورة كتابة السكة بالديوان العزيز ببغداد برزق عشرة دنانير في الشهر وسألته فقلت هو [2] حمدون الذي تنسبون اليه اهو حمدون نديم المتوكل ومن بعده من الخلفاء فقال لا نحن من آل سيف الدولة بن حمدان بن حمدون من بني تغلب هذا صورة لفظه وكان من المحبين للكتب واقتنائها والمبالغين في تحصيلها وشرائها وحصل له من

(١) ق ـ (٢) لعله هذا

اصولها المتقنة وامهاتها المعينة ما لم يحصل للكثير احد ثم تقاعد به الدهر وبطل عن العمل فرأيته يخرجها ويبيعها وعيناه تذرفان بالدموع كالمفارق لاهله الاعزاء والمفجوع باحبابه الاوداء . فقلت له هوّن عليك ادام الله ايامك فان الدهر ذو دول وقد يصحب الزمان ويساعد . وترجع دولة العز وتعاود . فتستخلف ما هو احسن منها واجود . فقال حسبك يا بني هذه نتيجة خمسين سنة من العمر انفقتها في تحصيلها وهب ان المال يتيسّر والاجل يتأخر وهيهات فحينئذ لا احصل من جمعها بعد ذلك الا على الفراق الذي ليس بعده تلاق . وانشد بلسان الحال

هب الدهر ارضاني واعتب صرفه واعقب بالحسنى وفكّ من الاسر
فمن لي بايام الشباب التي مضت ومن لي بما قدمت في البوس من عمري

ثم ادركته منيته ولم ينل امنيته . وكان حريصاً على العلم فجمع من اخبار العلماء وصنف من اخبار الشعراء والف كتباً كان لا يجسر على اظهارها خوفاً مما طرق اياه مع شدة احتراز . وبالجملة فعاش في زمن سوء وخليفة غشوم جائر كان اذا تنفس خاف ان يكون على نفسه رقيب يؤدي به الى العطب وهو كان آخر من بقي من هذا البيت القديم والركن الدعيم ولم يخلف الا ابنة مزوجة من ابن الدوامي وما اظنها معقبة ايضاً وكان مع اغتباطه بالكتب ومنافسته ومناقشته فيها جواداً باعارتها ولقد قال لي يوماً وقد عجبت من مسارعته الى اعارتها للطلبة : ما بخلت باعارة كتاب قط ولا اخذت عليه رهناً . ولا اعلم انه مع ذلك فقد كتاباً في عارية قط فقلت الاعمال بالنيات وخلوص نيتك في اعارتها لله حفظها عليك .

وكتب بخطه لرائق الكتب الكثيرة الكبار والصغار المروية وقابلها وصححها وسمعها على المشائخ فكان ممن لقي من المشائخ ابو بكر محمد بن عبيد الله الزاغوني والنقيب ابو جعفر احمد بن محمد بن العباسي المكي وابو حامد محمد بن الربيع الغرناطي مغربي قدم عليهم وابو المعالي محمد بن محمد بن النحاس العطار ووالده ابو المعالي بن حمدون وابو الفتح محمد بن عبد الباقي بن سليمان (١) المعروف بابن البطي وجماعة بعدهم كثيرة كابن كليب الحراني وابن بوش وغيرهم . وروى شيئاً من مسموعاته يسيراً وكان مؤيد الدين محمد بن محمد القمي نائب الوزارة ببغداد قد خرج الى ناحية خوزستان حيث عصى سنجر مملوك الخليفة بها حتى قبض عليه وعاد به وفي صحبته عز الدين نجاح الشرابي فخرج الناس لتلقيه عند عوده في محرم سنة ٦٠٨ وكان تاج الدين فيمن خرج لتلقيه عند عوده في محرم سنة ٦٠٨ وكان عبلا ترفاً معتادا للدعة والراحة ملازماً لقعر داره وكان الحر شديداً والوقت صائفاً فلما انتهى الى المدائن اشتدّ عليه الحر وتكاثف حتى افضى به الى التلف فمات رحمه الله في الوقت المقدم ذكره بالمدائن بينه وبين بغداد سبعة فراسخ فحمل الى بغداد ودفن بمقبرة موسى بن جعفر بباب التين رحمه الله ورضي عنه

﴿ الحسن بن محمد الصغاني النحوي ﴾

ويقال صاغاني من بلاد ما وراء النهر قدم العراق وحج ثم دخل اليمن ونفق له بها سوق وكان وروده الى عدن سنة ٦١٠ وله تصانيف في

---

(١) في معجم البلدان اسمه سلمان

الادب منها تكملة العزيزي · وكتاب في التصريف . ومناسك في الحج ختمه بابيات قالها وهي

شوقي الى الكعبة الغرّاء قد زادا فاستحمل القلص الوخادة الرادا
اراقك الحنظل العامي منتجعاً وغيرك انتجع السعدان والرادا
اتعبت سرحك حتى آض عن كشب نياقها رزحا والصعب منقادا
فاقطع علائق ماترجوه من نشب واستودع الله اموالا واولادا

وكان يقرأ عليه بعدن معالم السنن للخطابي وكان معجباً بهذا الكتاب وبكلام مصنفه ويقول ان الخطابي جمع لهذا الكتاب جراميزه وقال لاصحابه احفظوا غريب ابي عبيد القسم بن سلام فمن حفظه ملك الف دينار فاني حفظته فملكتها واشرت على بعض اصحابي بحفظه فحفظه وملكها . وفي سنة ٦١٣ كان بمكة وقد رجع من اليمن وهو آخر العهد به

﴿ الحسن بن المظفر النيسابوري ﴾

ابو علي اديب نبيل شاعر مصنف ذكره ابو احمد محمود بن ارسلان في تاريخ خوارزم فقال مات ابو علي الحسن بن المظفر الاديب الضرير النيسابوري ثم الخوارزمي في الرابع من شهر رمضان سنة ٤٤٢ واثنى عليه ثناء طويلاً زعم فيه انه كان مؤدب اهل خوارزم في عصره ومخرجهم وشاعرهم ومقدمهم والمشاراليه (١) منهم وهو شيخ ابي القاسم الزمخشري (٢) قبل ابي مضر وله نظم ونثر وذكر ان له ولداً اسمه عمر وكنيته ابو حفص اديب فقيه فاضل وله شعر منه

(١) ص : ق — (٢) هذا محال فان صاحب الكشاف ولد سنة ٤٦٧

سبحان من ليس في السماء ولا   في الارض ندّ له واشباه
احاط بالعالمين مقتدرا   أشهد أن لا اله الا هو
وخاتم المرسلين سيدنا   احمد رب السماء سماه
اشرقت الارض بعد بعثته   وحصحص الحق من محياه

ومات ابو حفص هذا في شعبان سنة ٥٣٢ ووجدت للحسن بن المظفر من التصانيف: كتاب تهذيب ديوان الادب . وكتاب تهذيب اصلاح المنطق . وكتاب ذيله على تتمة اليتيمة لم اقف على اسمه . كتاب ديوان شعره مجلدتان . كتاب ديوان رسائله . كتاب محاسن من اسمه الحسن . كتاب زيادات اخبار خوارزم . نقلت من الكتاب الذي وصل به تتمة اليتيمة وذكر فيه اشياء من شعره ورسائله ختم بها كتابه وهو انه قال : الحسن بن المظفر النيسابوري مؤلف الكتاب نيسابوري المحتد خوارزمي المولد وممن كان عارفاً بنفسه غير مفتون بنظمه ونثره فانه سلك طريق ابي منصور الثعالبي رحمه الله فيما اورده من شعره في آخر كتاب تتمة اليتيمة فاورد نبذاً مما يستحسن من كلامه ويستبدع من نظامه . فمن نثره الساذج رقعة له : عرّف الله الشيخ الرئيس بركة شهر رمضان ووقفه من طاعته لما يكتسب به العفو ولولا العذر الواقع من الوحول لقصدت مجلسه اعلاه الله بالتهنئة والتسليم وقضاء حقه العظيم هذا ادام الله تمكينه وعهدي به يعدّني من جملة عياله ويخصّني كل وقت بافضاله فليت شعري لم عدل الى الفطام من ذلك الانعام فان كان نسيان فقد جاءه ذكري وان كان هجران فحاشاه من هجري . وله من اخرى : الشيخ يسترق

الاحرار بعوائد فضله وبواديه . حتى لا حرّ بواديه . ومن نظمه

اهلا بعيش كان جدّ مُواتِ ... احيا من اللذات كل مَواتِ
ايام سرب الانس غير منفرّ ... والشمل غير مروّع بشتات
عيش تحسر ظلّه عنّا فما ... ابقى لنا شيئاً سوى الحسرات
ولقد سقاني الدهر ماء حياته ... والآن يسقيني دم الحيّات
لهفي لاحرار منيت ببعدهم ... كانوا على غير الزمان ثقاتي
قد زالت البركات عنّي كلها ... بزيال سيدنا ابي البركات
ركن العلى والمجد والكرم الذي ... قد فات في الحلبات ايّ فوات
فارقت طلعته المنيرة مكرهاً ... فبقيت كالمحصور في الظلمات
اضحي وامسي صاعداً زفراتي ... لفراقه متحدراً عبراتي

وانشد فيه لنفسه

جبينك الشمس في الاضواء والقمر ... يمينك البحر في الإرواء والمطر
وظلك الحرم المحفوظ ساكنه ... وبابك الركن والقصاد والحجر
وسيبك الرزق مضمون لكل فم ... وسيفك الاجل الجاري به القدر
انت الهمام بل البدر التمام بل الـ ... ـسيف الحسام [1] الصارم الذكر
وانت غيث الانام المستغاث به ... اذا اغارت على ابنائها الغير

وانشد لنفسه

اريا شمال ام نسيم من الصبا ... اتانا طروقاً ام خيال لزينبا
ام الطالع المسعود طالع ارضنا ... فاطلع فيها للسعاد كواكبا [2]

---

(١) بياض بالاصل (٢) ق كوكبا

قال ابو علي الضرير [1] رأيت ابن هودار في المنام بعد موته فقلت له لقد تحولت من دار الى دار فهل رأيت قراراً يابن هودار قال فاجابني

لا بل وجدت عذابا لا انقطاع له   مدى الليال وربا غير غفار
ومنزلا مظلما في قعر هاوية   قرنت فيها بكفار وفجار
فقل لاهليَ موتوا مسلمين فما   للكافرين لدى الباري سوى النار

﴿ الحسن بن ميمون النصري ﴾

احد بني نصر بن قعين بن ظريف بن اسد بن خزيمة روى عنه محمد بن النطاح وكان اخبارياً عارفاً ذكره محمد بن اسحاق وقال له من الكتب كتاب الدولة . كتاب المآثر

---

(١) كانه سقط شيء يدل على تعلق ما يأتي بما مضى

﴿ انتهى القسم الاول من الجزء الثالث ﴾

﴿ فهرسة التراجم التي تضمنتها القسم الاول من الجزء الثالث ﴾

تصحيحات

ص ١١ س ٦ الصواب يؤخذ من البغية (ص ٢١٧) فكما لا يجوز الابتداء بالساكن لا يجوز التعرض

ص ١٦٢ س ١١ وسماس : الصواب وسائس

وفي ترويسات الصفحات ١٩٤ ـ ٢٠٠ الشحناء غلط صوابه الشحباء

تفسير الاصطلاحات

الحرف ق يراد به الاصل الذي في مكتبة اكسفرد

الحرف ص يراد به كتاب الوافي بالوفيات للصفدي

(وفي بعض المواضع يراد به « صفحة »)

العلامة ـ يراد بها عدم وجود ما يتلوها في الكتاب المذكور من قبل

العلامة * يراد بها ان ما في الحاشية يشتمل على كل ما بينها وبين الرقم من الالفاظ